JN229765

最強のスポーツビジネス

Number Sports Business College 講義録

池田純／スポーツグラフィック・ナンバー編

文春新書

1164

はじめに

ナンバー・スポーツビジネス・カレッジ　学長　池田純

私は横浜ＤｅＮＡベイスターズの球団社長として、５年という任期の中で24億円の赤字を解消し、黒字化を達成しました。横浜スタジアムにもお客様が増えていくなかで、チームの強化も順調に進み、２０１６年秋、クライマックスシリーズを堂々と戦うチームの姿を見届けて、社長を退任しました。

その後はさまざまなお話をいただく中で、現在ではＪリーグのアドバイザーや、さいたま市スポーツアドバイザー、スポーツ庁参与、明治大学学長特任補佐兼スポーツアドミニストレーター、そして２０１７年の11月からはラグビーのスーパーリーグ・サンウルブズを運営する一般社団法人ジャパンエスアールのＣＢＯ（チーフ・ブランディング・オフィサー）として、さまざまな立場でスポーツビジネスの世界に身を置いています。

日本は今、２０１９年のラグビーＷ杯、２０２０年の東京五輪という国家的スポーツイベントを控えています。この２つのイベントの成功はもちろん大きな目標ですが、それで終わりではありません。２０２０年以降もスポーツを文化として根付かせ、産業としてより発展させていかなければなりません。そしてそのためには、もっと多くの「ビジネス」を知る人材を育て、スポーツの世界をさらに活性化させていく必要があります。

そこで2017年4月に開講したのが、「ナンバー・スポーツビジネス・カレッジ」です。

本カレッジは、月2回のペースで行われています。毎回各競技団体やチームのトップやスポーツ産業の従事者をゲストに招き、現状や課題を学ぶ中で、スポーツにビジネス視点を取り入れ、収益性の向上や、スポーツ経営人材が将来ここから輩出されるようなコミュニティを目指しています。実際受講生の中にはサンウルブズのPRに関わるようになったり（第18回参照）、「スポーツ・グラフィック ナンバー」へコンテンツ提供を始めたり、アスリートの社会貢献に光を当てるHEROs AWARDを立ち上げた人材も出てきています。

本書はその初年度の講義を抜粋し、まとめたものです。プロリーグ、プロチーム、教育機関を含むアマチュア団体、ビッグイベントのディレクター、最先端のクリエイター……さまざまな立場でスポーツビジネスに関わってきた方々の経験談や知見は驚きと発見に満ちていて、また極めて実践的でもありました。

本書をお読みいただくことで、日本のスポーツビジネスの現状や課題、全体的な見取り図を描くことができるはずです。そして、少しでも多くの方々がスポーツビジネスの世界に飛び込み、スポーツ界を盛り上げる人材へと成長してくれることを願ってやみません。

また本学は２０１８年４月から、第２期の講義が始まっています。中田英寿さんや桑田真澄さんなど本学ならではの豪華ゲストを講師にお迎えし、より具体的にスポーツビジネスについての議論を深め、実践の場を作っていきたいと考えています。ご興味を持たれた方はぜひ、私たちのカレッジに足をお運びいただければと思います。

２０１８年４月

目次　最強のスポーツビジネス　Number Sports Business College 講義録

はじめに　3

第1回　鈴木大地（スポーツ庁長官）　11
スポーツ基本計画が示す日本の未来

第2回　為末大（世界陸上男子400mハードル銅メダリスト、DEPORTARE PARTNERS代表）　25
アスリートのキャリアとスポーツベンチャー

第3回　大河正明（Bリーグ チェアマン）　39
バスケットボールとアリーナの可能性

第4回 島田慎二（株式会社千葉ジェッツふなばし代表取締役社長）…… 53
チームを再建し、人を呼ぶ方法

第5回 田嶋幸三（日本サッカー協会会長）…… 67
「育成日本」復活の真意とは

第6回 井上康生（シドニー五輪柔道男子100kg級金メダリスト、柔道全日本男子監督）…… 81
日本柔道はなぜ復活できたのか

第7回 齋藤精一（株式会社ライゾマティクス代表取締役）…… 95
スポーツとエンターテインメント、テクノロジーの幸福な関係

第8回 岩渕健輔（公益財団法人日本ラグビーフットボール協会理事、Team Japan 2020 男女7人制日本代表総監督）…… 109
2019年、そしてその先のラグビーのために

第9回 上野裕一（一般社団法人ジャパンエスアール会長）
サンウルブズ、スーパーラグビー参入までの道 …… 123

第10回 ジム・スモール（MLB JAPAN ヴァイスプレジデント アジアパシフィック）
MLBのアジア戦略とWBC …… 137

第11回 早野忠昭（一般財団法人東京マラソン財団事業担当局長・レースディレクター）
愛される市民マラソンの作り方 …… 151

第12回 隈研吾（建築家、東京大学教授）
新国立競技場に込めた思い …… 165

第13回 太田雄貴（日本フェンシング協会会長）
フェンシングをメジャーにするために …… 179

第14回 松下浩二（Tリーグ専務理事、株式会社VICTAS取締役会長）
卓球新リーグをなぜ立ち上げるのか …… 193

第15回 川淵三郎（日本サッカー協会最高顧問、日本トップリーグ連携機構代表理事会長 ほか）
対談 すべては組織のガバナンスから …… 207

第16回 大橋秀行（ボクシング元WBC／WBA世界ミニマム級チャンピオン、大橋ボクシングジム会長）
対談 日本ボクシング界の「今」と「これから」 …… 225

第17回 堀江貴文（実業家）
対談 スポーツはビジネスチャンスにあふれている …… 239

第18回 池田純（ジャパンエスアール チーフ・ブランディング・オフィサー）
青山ラグビーパーク化構想と、サンウルブズ活性化計画 …… 253

第1回

鈴木大地

Daichi Suzuki

（スポーツ庁長官）

スポーツ基本計画が示す日本の未来

スポーツに親しむ＝「する」「みる」「ささえる」ことで、人はもっと豊かになれる。そのために、国はいま、何に取り組んでいるのか

プレゼンテーション

2021年までの5年に、日本のスポーツの未来がかかっている

まず、スポーツ庁がこれまでどんなことをやってきて、これからどんなことに取り組んでいこうとしているかを、お話しします。

2017年4月1日から、我々は「第2期スポーツ基本計画」をスタートさせました。今後5年間、日本のスポーツをどのように進めていくか、その方向性を示すものです。日本のスポーツ界にとって、17年からの5年間は、非常に大きな意味を持ちます。2019年にラグビーのW杯があって、2020年の東京オリ・パラ大会、そして2021年にはワールドマスターズゲームズという、マスターズ世代の世界大会が関西で開催されます。さらに競技別に見ても、水泳の世界選手権も2021年、福岡で行われます。我々としては、この5年間に日本のスポーツの未来がかかっていると言えるほどの認識でいます。

このスポーツ基本計画では4つのモットー、方針を示しています。

① スポーツで「人生」が変わる！

② スポーツで「社会」を変える！

第１回　鈴木大地

1988年ソウル五輪、男子100m背泳ぎで金メダル（©JMPA）

③　スポーツで「世界」とつながる！
④　スポーツで「未来」を創る！

まず《①　スポーツで「人生」が変わる！》について。私自身の人生も、まさにそのとおりでした。スポーツをやっていなければ、いまこうしてスポーツ庁長官を務めて、ここでお話をすることはなかったはずです。スポーツとの関わりの中で人生の大きな選択をしてきた方も少なからずいらっしゃいます。その方の人生にとって、プラスになるような形でスポーツに触れる機会を数多く提供していきたい、と考えています。

日本の場合、スポーツは教育の一分野である「体育」が原点になっています。体を適切に動かし、心身の健やかな成長を促す、というものですね。ただ、スポーツの語源であるラテン語の［deportare］は、「気晴らし」や「楽しみ」という意味があるんです。みなさんには、もっともっとスポーツをエンジョイしてほしい。現在、成人の週1回以上のスポーツ実施率は42・5％です。我々はこれを2021年までに65％に高めたい（以下、数字は2016年度の調査による。2017年度調査では51・5％）。

では、どうやってもっとスポーツに親しんでもらうのか。成人のスポーツ実施率を世代別に見ると、特に実施率が低いのが20～49歳のビジネスパーソンの層です。我々は、仕事で日中や夜も忙しい働き盛りの世代に、出勤前の時間を利用してスポーツに取り組んでもらう新しいライフスタイルを提案しています。たとえば国が所有する公営のプールは、朝10時から営業する施設が多いのですが、あるプールを朝7時からの営業に変更したら「ひと泳ぎしてから会社に行く」人が増えたんです。こういった取り組みを国が始めたことで、地方自治体にも同じような取り組みが波及していくことを期待しています。

とはいえ、スポーツを週に一度もやらない方の中には、そもそもスポーツに関心がない人が多くいるように思います。この層にも訴えかけなければなりません。そのためには、「主語を変える」必要があると感じています。先日、東京オリ・パラの組織委員会の理事会で、秋元康さんがこんなことを話していました。「にんじんが嫌いな人に、にんじんを食べろと言っても食べるわけがない。ならば、にんじんをすり下ろし、りんごのすり下ろしと混ぜて食べやすくすれば食べてもらえる」と。ハッとしましたね。スポーツも同じです。嫌いな人にやれと言っても、なかなかやりません。だから最終的にスポーツをやってもらうために、健康やIT、地域の特色を活かした観光、あるいはファッションイベント、コンサートなどのエンタメ、伝統文化などとスポーツを掛け合わせていくことで、関心の薄い層に働きかけたいと考えています。スポーツへの関わり方としては主として「する」「みる」「ささえる」の3つのかたちが想定されますが、いろいろなアプローチをすることで「する」人を増やしていきたいと考えています。

スポーツは、高騰する国民医療費を抑制することができる

続いて、《② スポーツで「社会」を変える!》について。これは社会が抱えている課題の解決に、スポーツはもっともっと貢献できるし、貢献していこう、という考えです。

今、注目しているのが医療費です。平成26年度の国民医療費は40兆8071億円で、国家予算の半分と同じ数値です。スポーツによってこの医療費を軽減できるはずだと考えています。

新潟県見附市である実験を行いました。市民にスポーツを推奨する活動を、運動プログラムなども作って3年間継続したのです。健康管理システムもフル活用しました。その後スポーツ実施者と非実施者の医療費を比較したところ、スポーツを実施している人は年間で約10万円も

抑えられる結果となりました。全国レベルでこれをやれば、20兆円近く医療費を減らせるという試算もあります。生活習慣病は、スポーツと食事で確実に改善できますからね。

ただし、全国には、スポーツをやりたくてもやる場所がないという方々がいます。そこで活用できそうなのが各地域にある学校のスポーツ施設です。この施設を地域のみなさんに開放していくことを目指しています。残念ながら2001年の大阪教育大附属池田小学校での事件によって、全国の学校が門を閉ざす傾向が強くなりました。でも、壁を作ることで子どもたちの安全を守るのではなく、門を開いて、スポーツを通じて地域の人々がたくさん学校に入って安全なコミュニティをつくることで子どもたちを守る。こういうふうに発想を転換したい。

また、障害者のスポーツ参加率の低さも改善していきたい。成人障害者が週1回スポーツを楽しむ率は19・2％。これを40％にしたい。全国に特別支援学校がありますが、ここで障害者のみなさんが誰でもスポーツを楽しめるようにしたい。もちろんその学校の卒業生じゃなくてもいいんです。こちらでも門を開くことが求められています。

さまざまな世代のスポーツ参画人口を増やすことで、スポーツ市場の拡大も期待できます。現状は5・5兆円ですが、2025年までに15兆円にしたいと思っています。日本ではいまだに「スポーツで金を儲けるのは……」と批判する人がいますが、上がった収益を懐に入れることを想定しているわけではありません。収益をスポーツに再投資することで、さらに環境を充

講師のプレゼンから、池田氏や受講生の活発な議論が生まれる

実させ、市場拡大を図っていくという、自立的好循環を生み出したいと考えています。

大学のスポーツ資源の活用を

スポーツを通じた地域活性化も、「スポーツで『社会』を変える」ことの一つです。現在、バスケットボールのＢリーグや、18年秋に開幕する予定の卓球のＴリーグなどが話題になっていますが、私たちも体育館、アリーナビジネスに注目しています。Ｊリーグが取り組んでいるサッカーによる地域活性化はもちろん素晴らしいのですが、実はサッカーのスタジアムは規模も大きく、芝生の管理などさまざまな問題があります。コストのことも考えると、体育館やアリーナの整備のほうが、スピード感を持って全国に行き渡りやすいのかなと感じています。

スポーツによるインバウンド（外国人観光客）の増加、スポーツツーリズムの推進も、地域活性化につながる重要な要素です。現在、スポーツ目的の訪日外国人数は年間138万人、スポーツツーリズム関連消費額は2204億円と算出されています。我々はこれを、2021年には250万人の訪日、3800億円の消費に増やしたいと考えています。

そして、大学のスポーツ資源の活用です。いま、アメリカの大学スポーツを管理しているNCAA（全米大学体育協会）の日本版組織の創設に向けて動いています。スポーツ基本計画の中でも、100の大学にスポーツアドミニストレーターを置くことを目指しています。このアドミニストレーターとは、大学におけるスポーツ分野を戦略的かつ一体的に管理・統括する部局や人材のことです。大学は、非常に優れた施設を持っています。この施設と人材をフルに活かし、大学スポーツを地域・経済の活性化の起爆剤にしたい、と考えています。

続いて《③　スポーツで「世界」とつながる！》について。私たちはトップアスリートだけでなく、市民レベルでも海外との交流を活性化させたいと考えています。また、日本のスポーツ人材をどんどん世界に送りこみたい。現在、国際体操連盟の会長は、日本人の渡邊守成さんが務めています。スポーツの国際組織の役員は、海外の王族や実業家、政治家といった有力者が務めているケースが多い。そこに日本人が積極的に入っていくことで、国際スポーツ界のルール改訂など意思決定に参画できるだけでなく、彼らとのパイプもつくることができます。こういった活動を、我々は戦略的にプログラムとしてやっています。

そして最後の《④　スポーツで「未来」を創る！》について。

２０２０年の東京オリンピックを契機に、我々は世界各国と友好的に、また戦略的にお付き合いを続けていきながら、スポーツで日本の未来をどんどん変えていきたいと考えています。そのために「スポーツ立国」というキャッチフレーズを掲げています。①で触れたように、日本の国民それぞれに、「する」「みる」「ささえる」といった形で、スポーツに対して何らかのコミットメントをしていただくことを推奨し、応援していくことです。東京オリンピック・パラリンピックを開催したら終わりではなく、20年以降もスポーツの価値をさらに高めていきたいですし、２０２０年のレガシーをきちんと後世に残せるような大会にしなければなりません。

クロストーク

大学スポーツの潜在能力を活用せよ

池田　スポーツに予算を回してもらえれば、医療費を抑えられるというお話がありました。具体的にはどんなことに使おうと考えているのですか？

鈴木　病気になってからの医療費ではなく、病気を予防するために予算を使えたらいいなと思っているんです。最近ではスポーツをしている人の場合、生命保険の保険料が安くなる場合もありますよね。いわゆる予防医学のカテゴリーに入るかと思います。ただ、多くの人にスポーツをしてもらうには、やはり全国にスポーツ施設がある程度必要になってきます。私がやっていた水泳についていえば、全国の小中学校にあるプールが老朽化して、徐々に減りつつあります。でも水泳は、泳ぐ喜び、娯楽のためのスポーツであると同時に、水の事故に遭った場合に生き抜く上でも必要なものです。だから、ぜひみなさんに推奨したい。そのためには、地域に1つ、温水プールを作っていきたい。これを高齢者層にもビジネスパーソンにも、子どもたちにも活用してもらいたい。必ずしも各学校にプールがある必要はなくて、体育の授業でも、部活動でも、公営のプールを地域の複数の学校や大人が共同で使うことができる。私自身のアイデアとして、このプールの運営費に予算を使えたらいいなと思っています。

池田　大学スポーツ、すごく大事ですよね。アメリカの場合だと、プロ、大学、高校が地域と密接に関わることで、スポーツをする文化、観る文化、支える文化がしっかりと育っている。日本の場合は高校スポーツはどの分野でもかなり頑張っているけど、大学に大きな差があることで、文化やビジネスにつながっていないんじゃないかと感じます。

鈴木　日本の大学スポーツには潜在能力がありますよね。でも、まだまだ弱い。野球もサッカーも、高校の全国大会はあれだけ地上波でテレビ中継されているのに、それよりもレベルが高いはずの大学スポーツは放送されていない。可能性が高い分、やるべきことがまだまだたくさんある。たとえば大学野球では、神宮球場が聖地のようになっている。でも、あまりにも神宮に集中しすぎて六大学リーグ以外は平日に試合を開催せざるを得なくなる。こうなると、なかなか学生は母校の試合を観に行くことができません。これを改善するため、場所を1箇所に特定せず、大学スポーツでもホーム&アウェーの文化を根付かせることが必要になってきます。

受講生　現在の大学スポーツは各競技の統括団体や学連が好き勝手に、バラバラに動いている印象です。スポーツ庁としてはこの状態をどのようにまとめようとしているのですか？

鈴木　学連に関しては、競技によって歴史と伝統のあるスポーツもあれば、最近、海外から輸入されて始まったばかりのスポーツもあります。歴史の違いや温度差がある中で統括していくのはなかなか簡単ではないですね。月並みですが、丁寧に議論を重ねながら、良いかたちを作っていくしかないでしょうね。アメリカのNCAAも、もともとは学生の学習支援や安全対策のために創設されたと聞きます。日本版NCAAに関しては、ビジネスの話が前面に出てきてしまいがちです。もちろんそちらも大切なのですが、まずは学習支援と安全対策を第一に考えながら、地域貢献などを手始めに、背伸びせず一歩一歩やっていくことが良いのかなと思います。

受講生　僕は卓球のTリーグに関わっています。今後、国の方針としては、新規のアリーナをつくっていくのか、既存のものを改修するのか、どうお考えでしょうか。

鈴木　長官になって以来、いろいろな場所に視察に行きました。先日は、青山学院大の体育館で行われていたBリーグ・サンロッカーズ渋谷の試合を観戦しました。期待値が高かった分、正直に言えば「おとなしいな」という感想でした。なぜかというと、教育施設だから、お酒を出せないんです。残念ながら、プロスポーツの試合を観戦するアリーナとしては魅力が減るのです。そういう意味では、既存のものを改修するよりは、新たにアリーナをつくるほうがベターだと思っています。もちろん新たにアリーナをつくる場合は場所が重要になります。例えば現在、沖縄に新たなアリーナをつくる計画が進んでいますが、沖縄は車社会ですから高速のインターチェンジ近くにつくられています。また、近年大地震に見舞われた熊本県の場合には、アリーナが防災施設として機能しています。適切な立地を得て、教育施設、防災施設として機能するようなアリーナならば、より計画が進みやすいのかなと思います。

受講生　スポーツ庁の予算配分について、今後はアリーナづくりや大学スポーツがメインになっていくのでしょうか。

鈴木　スポーツ庁の年間予算は、だいたい334億円（2017年度）。その半分ほどが選手強化に使われ、あとの半分が一般的なスポーツ政策に使われています。「国のお金を使ってスポーツを強化し、オリ・パラのメダルを増やそうとするのはいかがなものか」という意見はありますが、「まず日本のスポーツが強くならなければ盛り上がらない」と私たちは考えています。たとえば浅田真央さんが活躍したことで、私もフィギュアスケートをやりたいという女の子がたくさん出てきた。そういう国民一般への浸透が、さきほど話した《①　スポーツで「人生」が変わる！》へとつながっていきます。それから、トップアスリートを育成する過程で、世界最高峰の技術、テクノロジーが発展していきます。水の抵抗が小さい水着やシューズ、ウェア、食品、コーチング技術といったソフト面に至るまでさまざまです。こういったものが一般に普及していくことがみなさんの健康に資するわけです。とはいえ、できる限り国の予算を使わずに競技力を高めることが理想ですよね。我々も、民間も含めていろいろなところで資金を賄っていきながら、選手の強化、スポーツのさらなる普及ができるようにしたいと考えています。

（2017年4月12日）

Daichi Suzuki

1967年千葉県生まれ。ソウル五輪100m背泳ぎ金メダル。2013年から15年まで日本水泳連盟会長を務め、15年スポーツ庁長官、東京オリンピック・パラリンピック組織委員会理事に就任

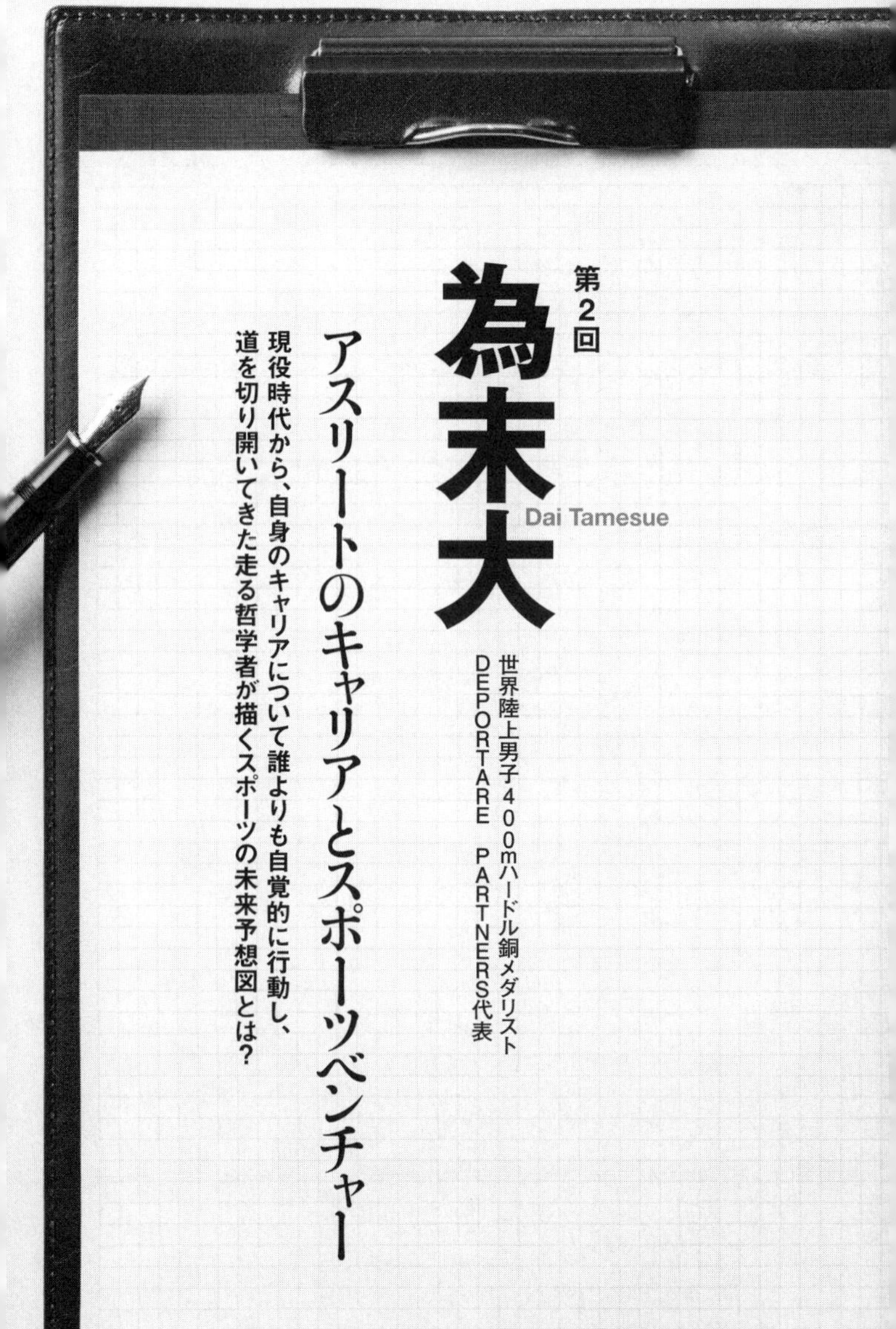

第2回

為末大

Dai Tamesue

世界陸上男子４００mハードル銅メダリスト
DEPORTARE PARTNERS代表

アスリートのキャリアとスポーツベンチャー

現役時代から、自身のキャリアについて誰よりも自覚的に行動し、道を切り開いてきた走る哲学者が描くスポーツの未来予想図とは？

プレゼンテーション

現役時代に、東京・丸の内でストリート陸上を実現させる

まず、僕がこれまでに取り組んだことをひとつ、ご紹介しましょう。

現役選手だった2007年、29歳の時に「東京ストリート陸上」というイベントを東京・丸の内で開催しました。テレビ番組『クイズ$ミリオネア』で獲得した1000万円を、陸上競技のイメージアップにつながることに使おうと考えたのです。陸上は短距離であれば時速40kmも出ていて本来は大迫力なのに、遠くの観客席から見ているとスピード感がなかなか伝わらない。ならば選手と観客の距離を近づければいい——そういう観点からストリート陸上の発想に至りました。大阪で世界陸上が開かれた年でもあったので、ここを境に陸上競技がメジャーにならないかなという思いもありました。「メジャー」とは、居酒屋でその日の勝敗が話題にのぼるような状況です。いま、日本では居酒屋の話題の9割以上が野球、サッカー、ゴルフなどのメジャースポーツです。仮に話題に上がったとしても個人の選手の話がほとんどです。なんとかそういう状況から一歩進んで、そのスポーツ自体のファンが増えてくれればいい、と思ってストリート陸上を計画しました。

当初は銀座の通りで開催したかったのですが、いま交渉を始めても議題に上がるのは5年後

「ストリート陸上」で、丸の内仲通りを疾走する為末氏

と言われて諦めかけていました。そんな時、すでに丸の内で場所を押さえている大道芸人の方々のイベントがあることを知って、主催者につないでもらい、そこでの開催にこぎつけました。実施にあたっては当時所属していたマネジメント会社にサポートしてもらいましたが、大事な面会の時には僕も行き、たとえばコースの段差によっては消防車が入れなくて消防法に抵触するので段差はなしにするとか、細かいところまで情報を共有しイベントを作っていきました。

マイナー競技の選手は自分と競技が一心同体となって、競技の発展に向けて努力できる傾向があると思います。たとえばフェンシングの太田雄貴くん（第13回講師）。彼ががんばると、競技の人気が高まります。陸上も同じで、競技発展のためには連盟などに入って活動する手があります。多くのアマチュア競技では、成り立ちからしてしょうがないのですが、関わっているコーチも無償で、学校の教員の方が兼業していることがほとんどです。ですからどうしても、競技で稼ごう、コンテンツ価値を最大化しようという方向に向いていないのが現状です。

この点でいえば、渡米した際に目の当たりにしたアメリカ陸上競技連盟の採用活動には衝撃を受けました。ディズニーのマーケティング部門のトップの方がスカウト対象になっていたのです。彼らは陸上でビジネスをする気に満ちていて、コンテンツをマネタイズできる人材の獲得を狙っていた。競技歴は関係なく、経営のできるプロを探すという考え方です。

もちろん、連盟の象徴として競技をやってきた人がポストにつくのはいいことです。でも、30歳、40歳まで競技一筋の人が、ビジネスの世界ですぐにプロフェッショナルになるのは難しい。どの世界でもプロになるには10年はかかる。そう考えると競技歴は関係なく、マネジメントを学んできた人がやるのが合理的。象徴として表に立つのは元アスリートであっても、裏にはビジネスのプロが揃っている方がうまくまわるはずです。

スポーツベンチャーの「トキワ荘」を作る

引退後の僕はどのようにして、進むべき道を決めたのか。僕はまず、博報堂のアスリートイメージ評価調査というもので自分を調べてみました。結果はランキング圏外。世の中の人はほとんど誰も僕を認識していませんでした。そこで五輪後の五輪選手を追ってみたところ、北京五輪後18カ月でほとんどのオリンピアンがテレビからいなくなっていました。

そこで僕は「五輪選手の賞味期限は18カ月だ」と考えました。だから、ひとまず18カ月は頑張ってみて、だめだったらどこかで就職することにしたんです。実際、引退後の2年間ほどは必死にやれることをやっていました。最初の半年でなんとなく希望が見えて、その後の1年半で自分になにがやれるのか模索した。なんとか生きてはいけるようになって、それで落ち着いて自分がなにをしたいのかを考えてみると、とにかく新しいものが立ち上がるのを見ているのが好きだということでした。

今経営している会社は社員5人の小さな組織です。元々は僕のマネジメントをやっていたんですが、いまはそれが売上の半分ぐらいで、他のクライアントとスポーツに関するプロジェクトを行っているのがあとの半分です。

今やっている事業の発展形で、新しいプロジェクトがたくさん立ち上がるので、一番わかりやすいのはベンチャーがたくさん立ち上がるような仕組みじゃないかと思い、今はスポーツベンチャーの「トキワ荘」作りをやっています。うちと一緒にスポーツベンチャーが4、5社オフィスを共有していてみんなでいろいろがんばっています。やっていくうちに少しずつ見えて

「新豊洲Brilliaランニングスタジアム」の全天候型トラックにて

くるものもあって、今はスポーツベンチャーを支援する仕組みを多面的に備えた、言うなればスポーツベンチャーキャピタルのようなものができないかと考えています。

選手のセカンドキャリアについて言うと、日本のスポーツ界はどうやって企業に選手を雇用してもらうかという発想が主流です。しかし、経営者の立場から元選手を雇用するメリットを尋ねられても、なかなか定量的に示せない。それを示せていないから、実業団スポーツが衰退しているのだと思っています。ならば、新たにスポーツ産業を作っていくべきでしょう。引退した選手たちが自分で社会に貢献する。スポーツ界が社会にちゃんと価値を提供する。そうやって産業を育てていけばよいと思います。

会社では、「新豊洲 Brillia ランニングスタジアム」という施設も運営しています。誰もがスポーツやアートを楽しめる新しいタイプの施設で、公認の室内競技を行えるよう直線トラックは60m。トラックの素材もリオ五輪の会場と同じものです。

ランニングスタジアムにはラボも併設され、競技用義足を作るXiborg（サイボーグ）という会社の拠点になっています。障害者陸上競技では市販の義足しか使用できないので、サイボーグも製品を作っています。研究も進んでいて、このカーボンでこう作れば100m9秒台で走れる、という予測もできています。ただ、それを使いこなせる選手がまだひとりもいない。

どういうことかというと、棒高跳びのセルゲイ・ブブカの例がわかりやすいと思います。1980年代から90年代、跳ぶたびに世界記録を更新していた鳥人ブブカですが、彼のポールを使えばみんな6m跳べると言われていました。しかしそれは体重90kgの巨体が100mを10秒少しのスピードで走ってきてはじめて曲がるポールで、彼以外はほとんど誰も使いこなせないものだったんです。同様に、義足を使った障害者陸上も、道具の発展が極限まで行けば行くほど、ますますアスリートの差がパフォーマンスの差になると見ています。

今後はこの施設でいろいろとやっていきたいと思っています。ヨーロッパで実際に体験した記録会では、夜6時から集まってきたお客さんが飲んだり食べたりしているうちに、そのすぐ隣でいきなりレースがはじまって、お客さんの真ん中をビューンと走ったりしていました。ランニングスタジアムでも、夏祭りのような賑わいの中央で健常者や義足ランナーの50m走の記録会が行われている。そんなイベントができればいい。目指しているのは、スポーツとそれ以外の世界がうまくシームレスにつながっているような世界観です。障害者と健常者もそうですが、隔たれているものがどう柔らかくつながるかということに興味があるんです。

クロストーク

アスリート、スポーツとソーシャルメディアの関係

受講生　広告の仕事をしています。為末さんは現役時代からメディアで発言する機会が多く言葉も豊富でした。ご自身のブランディングやキャラ作りはどう意識されていましたか?

為末　当時のスポーツ界では、ほとんど全員が「どうやって中田英寿になるか」ということを考えていたと思います。僕もそういうところがありました。でも僕は中田さんとはまったく違う存在なので、だんだん無理が生じてきました。その時に模索している中で気が付いたのは、本を読んで文章を書くだけで、すごく特殊な選手だと言われたことです。ブログを書いている珍しいスポーツ選手だと。テレビに出ても面白いことは言えなかったけれど、なにかを書くと面白いと言われることがあった。だから現役の10年間はほぼ毎日なにかを書いていました。毎日ブログを更新していると文章もうまくなる。週に1冊本を読んでいれば情報も入ってくる。

今考えると意味がありましたね。

当時の僕はブログを使いましたが、今なら間違いなくソーシャルメディア。ソーシャルメディアのフォロワー数が広告価値につながっている。価値観も多様化しているし、マスメディアにどうやって出るかというよりも、粘着性のあるファンをどれだけ集められるかということが大事になっている気がします。ソーシャルメディアはそれにすごく向いている。今僕が現役だったら、ソーシャルメディアを中心に活動を考えていたと思います。

受講生　私は学生の自転車競技の連盟で理事をしています。自転車競技もマイナーで人もお金もありません。まずお金を集めるべきなのか、それとも人を集めるべきでしょうか。

為末　自転車も陸上も好きな人は多そうな気がしますが、その思いをちゃんと受け止めてくれる場所が少ないと思います。たとえば、陸上では4月末に織田記念（織田幹雄記念国際陸上競技大会）が行われますが、ここで男子100mの9秒台が出るかもしれない、という話題が毎年上がるんです。現地に行けないけどその瞬間をみんなと共有したいと思ったら、テレビかスマホしかないですよね。でもここへアクセスすれば映像が見られますよ、という情報を、今のところ陸上界ははっきり提示できていません。

もう一つポイントになるのが、やはりソーシャルメディア。学生選手や大学チームのフォロワー数をみると、お金をかけずに多くの人へ情報を拡散する手段は持てると思います。若者はタダでもツイッターやフェイスブックでやってくれますから、連盟の機能を外の学生に任せてしまうこともできる。自転車のためならタダでもやりたい、と思っている人はいるはずなので、その人たちに役割を渡していけばいいようにも思います。

池田　まずは「織田記念で9秒台が出るかもしれない」ことを伝える方法を考える。たとえば映像をタダでDAZNに渡せば流してくれて、それを見た陸上ファンがSNSで拡散してくれればいい。ベイスターズもビラをずいぶん配りました。織田記念のビラもありです。「9秒台が出るかもしれないレースがある」とビラで知らせ、それをソーシャルメディアも使って拡散させ、結果も伝える。連続性を持って、物語として伝えつづければいい。

受講生　一部の高校野球部では、ファンに余計なことを発信しないようソーシャルの使用を禁止しています。アスリートのソーシャルメディア使用について、どうお考えですか？

為末　ソーシャルメディアは一度逃げてしまうとキャッチアップするのが大変な世界。だから、禁止は絶対にやってはいけない方向性です。体感的に知っておかないと、どこまでが良くて、どこからダメなのかわからなくなってしまいます。確かに危険なことは多いです。誰が誰の写真をあげるかもわからないし、炎上だってする可能性がある。それでも、大変だからとすべてをマネージャーに任せたら最後、二度とマネージャーなしでは乗り切れなくなる。傷だらけになりながら、ソーシャル上でどう振る舞うべきか学んでいくしかないんですね。逆にもしうまく使えるようになれば、少なくとも数年はかなり強力な武器になると思います。

プロスポーツ選手の「セカンドキャリア・コーチ」

受講生　プロスポーツ選手の資質や能力で、ビジネスの分野で役立つものはありますか？

為末　スポーツを頑張っていれば社会で通用する能力が必ず身につく、というのは半分は嘘だと思います。我々の世界で頑張るというのは、目標を決めたらそこまで一心不乱にやりきること。でも一般社会ではそこまで求められていない。というよりも、視野が狭くなって不利なことも多くなる。恐らく一番ハマるのは、営業のように結果がはっきりと数字で出て、一日一日に勝ち負けがある仕事でしょう。

もう一つ価値があると思うのは人脈です。例えばハンドボールでドイツ留学していたある選手が帰国した際に、仕事の話のなかで、あるドイツ企業の役員を紹介することができた。スポーツ選手の人脈は思わぬ形でひとっ飛びして上層部とつながることが珍しくないんです。

受講生　プロスポーツ選手がビジネスでセカンドキャリアを歩むという観点で、現状の課題となっているものはなんですか？

為末　コーチだと思います。日本では現役の選手が競技以外のことを学ぶのを快く思わないコーチが多く、実際に許容されにくい。だからコーチが変われば日本のスポーツ界はかなり変わるんじゃないかと思っています。実は、引退後にビジネスで成功しているケースが多い競技があります。アメフトやラグビーは、陸上競技と比較すると、一部上場企業の社長になる率がかなり高い。恐らく文化的な違いで明暗が分かれているんじゃないでしょうか。それから、引退後にも活躍できる選手を育てるコーチは、少し性質が違ってくるような気がしています。「こうしろ」という答えを与えるのではなく「どうしたいのか」という質問から始まるコーチングになるはずです。基礎の指導はさておき、あるレベルまでいけば、その選手がなにをしようとしているのかを明確にすることがコーチの役割ですから。質問形式でコーチングできることは重要ですし、そのスタイルで育った選手は引退した後も活躍できると思います。

受講生　アメリカでは元ヤンキースのデレク・ジーターや、NBAのステフィン・カリーがスタートアップ企業を設立したり、テクノロジー系企業に出資するなど、プロアスリートがスポーツビジネスに関わるケースが増えています。こうしたことが日本でも起こっていくための課題はどこにあるのでしょうか。

為末　スポーツベンチャーに出口があるのか、というのが、重要な問いになる気がします。まだIPOやM&Aでイグジットできる会社はそう多くありません。そこがはっきりしていればスポーツベンチャーにお金が集まると思いますが、日本ではまだそこは疑問視されています。これは個人的なアイデアですが、たとえばプロ選手たちの年金の一部が、自分たちの競技で新しいサービスを担いそうなスタートアップ企業に流れる構図があってもいいと思います。興味をもった選手が自分の肖像をつかって応援する仕組みもいいですね。自分の体重や心拍数、血糖値などの身体データを提供して、代わりにそのスタートアップのストックオプションを受け取るとか。要するに、新しいことに挑戦するスポーツベンチャーをみんなで育てようという空気や文化が大事だと思うんです。

池田　ほとんどのスポーツ選手は、その競技が好きな人には認知されるけれど、なかなか一般まで広がらない。人気選手が新しいサービスに身体データを渡せば、きっとテレビも追いかけるだろうし、スポンサーもついてくる。そうやって新しいことがどれだけできるのかが、これからのスポーツビジネスで重要だし、競技や選手の人気、セカンドキャリアへとつながっていくのでしょうね。

（2017年4月27日）

Dai Tamesue

1978年広島県生まれ。スプリント種目の世界大会で日本人初のメダリスト。男子400mハードル日本記録保持者（18年3月現在）。現在はSports × technologyに関する事業を行うDEPORTARE PARTNERS代表、新豊洲Brilliaランニングスタジアム館長

第3回

大河正明

Masaaki Okawa

（Bリーグ　チェアマン）

バスケットボールとアリーナの可能性

2リーグ混乱状態からプロリーグへ。体育館からアリーナへ。
バスケットボールを取り巻く環境は、劇的な変化を見せている

プレゼンテーション

川淵三郎さんに導かれ、サッカーからバスケの世界へ

もともと銀行員だった私が、スポーツの世界に足を踏み入れたのは95年のことでした。37歳で、開幕3年目となるJリーグへの出向を命じられたのです。なにしろ突然だったのでいろいろ事情を聞いてみると、ある結婚式で自分の勤めている銀行の頭取と川淵三郎さん（Jリーグ初代チェアマン）が同じテーブルになったことがご縁で、私の出向が決まったようなんですね。Jリーグにしっかりとした組織管理のマネジメントを導入したいという川淵さんの思いを頭取が受け止めての辞令。まったく予期していませんでしたし、最初は戸惑いました。

サッカーの世界に来て最初に感じたことは、目の前で繰り広げられるゲームの勝敗に一喜一憂するサポーターの感動を目の当たりにすることの面白さでした。銀行の仕事では味わうことのできない感覚。すっかり心を奪われました。2年間の出向を経て、一度は銀行に戻り支店長を務めましたが、結局52歳のときに銀行を辞めてJリーグに舞い戻ります。管理部門を中心に仕事をして、クラブライセンス制度の創設やJ3の立ち上げにも関わり、最終的には常務理事を務めていました（2016年に退任）。

その私がBリーグに関わるようになったのも川淵さんがきっかけでした。

Bリーグ開幕戦、会場は超満員で盛り上がった（©B.LEAGUE）

川淵さんが、2つのプロリーグを抱えて世界からも批判を浴びていた日本の男子バスケットボールの状況を変えるべく、協会の改革を進めるタスクフォース（特別チーム）のチェアマンに指名されたのが2015年1月。直後の2月に「クラブ経営や新リーグの規約や規程を作るためにいろいろ教えてやってほしい」と声がかかりました。そこで協会やリーグ関係者と話をしましたが、これはなかなか難しい。川淵さんにもそう伝えたら、ある夜「君の言う通りでこれは大変だ。血圧が上がっちゃって……」と電話が入った。その瞬間、バスケットボールの仕事が本格的に始まることを覚悟しました（笑）。

入ってみて一番苦しかったのは、すべてのタイムリミットが迫っていたこと。2つあったリーグを1つにして、新しいルールを決め、加盟希望の47クラブを戦わせることなく1部から3部に振り分け、翌

16年秋にリーグ戦を始めなければならない。作業母体となるBリーグも、名前だけはありましたが従業員もゼロで、人を雇うところから始めなければならない。売り上げの見込みも立たないし、テレビや強力なスポンサーもなかった。その中でお金をどう集め、どうクラブに分配するか……。開幕までの1年半は、本当に大きなチャレンジでした。

迎えた2016年9月22日。東京・国立代々木競技場第一体育館でBリーグは開幕戦を行いました。バスケットボールは観るスポーツとしては馴染みの薄いアリーナスポーツ。新しい世界観を作り、より明確なブランディングを進めるためにも、開幕戦では「今までに見たことのない世界」をお見せして人々を驚かせたかった。そこでイチかバチかでLEDコート導入を決めました。体育館のコート全面に光るLEDを敷き詰め、当時日本では最大級の吊りビジョンも設置し、「革新的」「サプライズ」「エキサイティング」をテーマに開幕戦を演出しました。開幕戦単体としては投資と捉えていて、リーグプロモーションの一環だと割り切っての決断でした。でも「Bリーグが始まった」という印象を一般の方々に与えるには、十分な効果がありました。

Bリーグのロゴを発表した15年9月当時のリーグの認知度は、大体40%。1年後の開幕直後には65%ほどにまで高めることができました。ちなみに野球とサッカーのプロリーグの認知度は90%。私たちとしては、やはりそのレベルを目指したいですね。

エンターテインメントにこだわり、「夢のアリーナ」を作る

開幕初年度のB1入場者数は、全部の試合を合わせて約150万人。前年比（bjリーグとNBLの合算）でいうとおよそ1・5倍で、チケット収入も約8割増。普通の企業でいえば、年間売上がそれだけ伸びていれば成功と捉えていいだろうと考えています。

ただ、Bリーグは日本唯一の男子プロバスケリーグを運営する「コンテンツホルダー」として、コンテンツの魅力を日々高めていく必要があります。試合内容の充実のみならず、指導者や審判のレベルも上げなければならない。特に審判のレベル向上は大きな課題です。選手もコーチもプロ化できましたが、審判のプロ化にはまだ至っていません。入場者数のさらなるアップも課題の一つです。Jリーグを引き合いに出しますと、1年目にロケットスタートして、2年目の1試合平均1万9000人がピーク。そこから下降線をたどり、5シーズン目に1万人台に落ちました。同じことをバスケットボールの世界で繰り返したくはない。

また、こうしてプロリーグをつくった以上、日本代表も強化していきたい。FIBA（国際バスケットボール連盟）との関係も正常化した今こそ、ビジネスレベルで代表とリーグの権益を統合しながら代表のマーケットを大きくするチャンスです。男子バスケットボールの日本代表は76年のモントリオール大会以来、40年以上も五輪に出場していません。五輪出場枠は12あ

初代王者は田臥勇太が所属する栃木だった（©B.LEAGUE）

り、実質アジア枠は1。非常に高いハードルで自国開催の2020年東京五輪の出場もまだ確定していません。東京五輪の出場権を獲得するため、日本バスケ界のレベルをなんとしても上げていかねばなりません。

今後のBリーグの方向性として、徹底的にエンターテインメントにこだわりたいと思っています。プロ野球の観客数は、年間2500万人、サッカーは1000万人。3000万人以上がだいたい4月から10月にかけて野球とサッカーを観ています。かたやバスケはといえば、B1、B2と足しても約226万。横浜スタジアムの年間入場者数がほぼ200万です。こういう現状も踏まえて、エンターテインメントにこだわり、アリーナスポーツの新しいスタイルを提示していきながら、入場者数を増やしていきたい。

そして、私が成し遂げたい仕事の一つとして、「夢のアリーナ」設立があります。国内でバスケットボールの試合会場として利用できるのは体育館がほとんどです。お客様にお金を払っていただいているのに、シートでの飲食禁止、土足厳禁の場所もある。エンターテインメントにこだわったプロスポーツを開催するに相応しいアリーナを現実に作り上げたい。

私はかつてサッカーの世界にいましたが、野球とサッカーの差として挙げられるのが、スタジアムへのアクセスです。たとえば埼玉西武ライオンズの西武ドームは都心から少し離れてはいますが、駅からの距離は非常に近い。そのほか、プロ野球12球団の球場はアクセスの面で恵まれた場所にある。しかしサッカーは、スタジアムへのアクセスが概ねよろしくないんです。浦和レッズや日本代表の試合を初観戦するお客様が、浦和美園駅から埼玉スタジアムまでの2km弱の道のりを徒歩で往復して「もう一度来よう！」と思うかどうか……。「夢のアリーナ」は観戦する人の目線はもちろん、立地も考えて実現させたいと思っています。

いろいろありましたが、Bリーグ1年目は皆様のおかげで無事に終えることができ、2年目も順調に推移しています。だからといって、大成功だと思わないことが大事です。あぐらをかくことなく、2年目以降、さらなる成長ができるように努力し続けます。

クロストーク

Bリーグのクラブは都市型、地方型、どちらでも成功できる

池田　Bリーグの事務局をはじめ、人材はどう集めたのですか？

大河　サッカー界、野球界、バスケットボール界など、知り合いの伝手をたどって集めました。一部はヘッドハンティングの会社も使いました。スポーツ界の人材って、実は様々なところで活躍しているんです。その中から目ぼしい人に声をおかけして来てもらいました。

正直にいえば、給料はあまり高くない。高くすることが私の今後の使命だと思っているくらいです。Jリーグでも感じましたが、スポーツが好きな方って、関わりたいという夢とロマンはあってもソロバン勘定は後回しの人が多い（笑）。ただ、スポーツが好きなだけだと長続きしない。クールさを持ち、一歩引いてスポーツを見られる人材を採らなければなりません。

受講生　Bリーグはクラブ数が多く、地域によって収益の差も生まれていると思いますが、Bリーグはそこを手助けするのでしょうか。

大河　もし私がいちからプロリーグを作るなら、チーム数は10か12、昇格降格がないプロ野球型にしていたかもしれません。NBAもそうですね。投資に踏み切りやすいし成功しやすい。そう思ってはいますが、もともとあった2つのリーグを1つにする、という経緯からして

も、30都道府県にB1、B2合わせて36チームあるのはリーグの宿命です。ただ、プロ野球のチームは支配下登録選手が1チーム70人で、サッカーはJ1でおよそ30人。バスケの場合は1チーム12、13人で成立する。この3つを比較すると、70人も抱えつつも年間140試合以上やれるプロ野球がビジネス的には最も魅力的です。サッカーはすごくいいスタジアムがあって、1試合で3万、4万の観衆を確実に集められるなら浦和レッズのようにモデルとして成り立ちますが、試合数をさほどこなせない。事業としては大変ハードです。ただサッカーは世界につながっているから、鹿島アントラーズがクラブW杯に出場して勝ち上がれば、それだけで何億という利益が出る。Jリーグでは「企業が母体のチームはもともとお金があり、地方のチームはお金がないから不公平じゃないか」という話が挙がるのですが、Bリーグは都市型でも、地方型でも変わらないクオリティのチームを作れるんです。また、2シーズン目は、Bリーグ初年度に最も収益を上げた千葉ジェッツの島田慎二代表（第4回講師）をBリーグのバイスチェアマンに迎え、彼の持つクラブ運営のノウハウを各クラブに伝えていく試みも行なっています。

理想のアリーナを作るために

池田　今、日本で一番可能性のあるアリーナはどこになるんですか？

大河　今は正直ありませんが、民設民営・公設民営も含めてアリーナ建設の話は具体的にいくつか進んでいます。これをサンプルとして2つ3つアリーナができたときに、行政の横並び意識がうまく作用して「あちらがやるなら、こちらも」となるように動いてもいます。

これから沖縄に1万人規模のアリーナができる予定です。コンサートやイベントにも使えますけど、100％琉球ゴールデンキングスを念頭に置いたアリーナになります。琉球の木村達郎社長はNBAを研究していますから、本場のアリーナに近いものができると思います。

琉球もそうなのですが、アリーナについては半官半民の民営事業で作り、アリーナ自体で収益を上げる構造を作りたいですね。ニューヨークのマディソン・スクエア・ガーデンは一年中稼動していますよね。実はMSGの運営会社は男女のプロバスケのチームとアイスホッケーのチームを保有しています。僕らが目指す道もそこにあるかもしれません。

受講生　Bリーグ主導で集めた情報を、チームに還元して経営改善の後押しをするような施策はあるのでしょうか。

大河　われわれはB1、B2全36クラブのチケットやグッズ購入者などのデータベースを持っています。一方で約63万人の競技者データベースと、日本代表の試合の観客データベースを日本バスケットボール協会が今作っています。最終的にはその3要素を統合したデータベースを作りたい。NBAではコンサルタントと各クラブのチケット販売担当者が集まり、データをもとに本部組織が各クラブに経営やマーケティングのアドバイスを送るんです。その教えにいくスタッフが各クラブに幹部として引き抜かれるケースが実際にある。そういった人材交流に近いものを、Bリーグのいくつかのクラブとはすでにやり始めています。

観客データを分析する

池田　先日川崎の試合を観に行ったら、女性のお客さんが多いなという印象を受けました。

大河　2017年1月に行なったオールスター戦の観客の男女比は、53対47。ファミリーも多いけれど、女性の中心層は32、33歳。いわゆるインフルエンサーの方が多く、騒ぎたい人と特定の選手の〝おっかけ〟的な方が半分、バスケ経験者が半分ぐらいの印象です。女性を増やそうとしているわけではないですけど、10代、20代をターゲットにブランディングを練っていて、女性に〝刺さる〟ようなことができればと考えています。

池田　Bリーグを観る人は野球もサッカーも観る、といった統計は取っていますか？

大河　取っていませんが、感覚的には選手も含めて野球を観ている人がバスケも観ているというのが結構多いのではないでしょうか。

池田　アメリカだと、秋にアメフトとバスケ、冬はアイスホッケー、春からは野球といった形で、富裕層が全てのシーズンスポーツの年間チケットを押さえていたりします。あのような形でスポーツを楽しむ文化が生まれたらいい。それから、ＭＬＢのピークを過ぎた選手がＮ

ＰＢに来ることが多いように、今後ＮＢＡの選手がＢリーグに来るようなことはありますか？

大河　代理人が日本市場に目をつけるかどうかが大きいですね。ただ、現状ではヨーロッパよりも多少高い金額を用意しなければなりません。代理人が徐々に日本の生活環境の安全性やよさ、住みやすさを理解しつつあります。正直にいえば、外国からすれば、「日本ってバスケットやってたの？」くらいの認識でしたから、変わっていくチャンスは十分にあります。

日本代表の強化とリーグの発展について

受講生　Ｂリーグ設立の目的のひとつが代表の強化とありましたが、リーグとしてどういう支援を行なう予定ですか？

大河　代表とリーグの間でよく揉め事になるのが日程問題です。バスケットボールについては月に１回、３日間ほど代表の強化合宿が行なわれますが、そこはリーグ側として全面的に譲歩して、強化合宿に支障のないよう配慮しています。代表とリーグは相乗効果の関係です。たとえば代表合宿に参加した選手が得た技術をクラブに持ち帰って花開くことがある。Ｂリーグでも、開幕当時と比べると全体としてピックアンドロール（バスケットボールの基本戦術の一つ。ボール保持者のマーカーにスクリーンをかけた選手がスペースに動いてボールを受ける戦術で応用系が多い）の技術が上がってきたり、３ポイントを打とうという意識も高まっています。

受講生　代表を強くするために一番必要なものは何だと思われますか？

大河　必要なものは、海外チームとの実戦経験ではないでしょうか。現在のヘッドコーチであるフリオ・ラマスはアルゼンチン代表のアシスタントコーチとして北京五輪で銅メダルを獲っている。よいヘッドコーチに来ていただいたと思っています。昔、サッカーの日本代表監督がジーコだった頃は、親善試合のマッチメイクはやりやすかったんです。それと同じで、ラマスさんのおかげで強化試合が組みやすくなりました。W杯一次予選では苦戦していますが、強化への道筋は整ってきていると思っています。

（2017年5月18日）

Masaaki Okawa

1958年京都府生まれ。京都大学卒業後、銀行勤務時代にJリーグに出向し、2010年にJリーグへ。12年理事に就任。15年5月JBA専務理事・事務総長に、9月Bリーグのチェアマンに就任

第4回

島田慎二

Shinji Shimada

（株式会社千葉ジェッツふなばし代表取締役社長）

チームを再建し、人を呼ぶ方法

Bリーグ初年度にリーグ最多の観客を集め、売上9億を記録した千葉。奇跡のV字回復を実現させた敏腕オーナーの経営哲学とは？

プレゼンテーション

平均入場者数リーグトップの秘密

Bリーグ・千葉ジェッツは2011年に創設され、現在7年目のシーズンを戦っています。入場者数の推移をご覧いただくと（次頁）、1年目（bjリーグ）の1試合平均入場者数は1143名。そこから3年目のNBL移籍後も順調に伸びていき、4年目は1909名、5年目は3574名、そしてBリーグ元年の昨季は4503名（リーグ1位）。右肩上がりで順調に伸びています。5年目には企業チームとプロチームが混在するNBLと、プロチームのみで構成されるbjリーグ、さらにはバスケットボール界ではじめて1シーズンでの入場者数10万人を突破しました。Bリーグ元年である昨季は13万5097人。こちらも大幅増加を実現させています。

また、開幕戦を除いたB1初年度の試合別入場者数の順位表でも、1位の秋田ノーザンハピネッツ戦（千葉ポートアリーナ）の7327名を始め、トップの20試合中10試合がジェッツのホームゲームで、ほぼ独占しています。

入場者数が10万から13万5000人に増加したのは何が変わったからなのか。

まず、なんといってもBリーグの誕生です。アリーナの指定席、座席数そのものが増加した

千葉ジェッツ　年度別平均入場者数推移

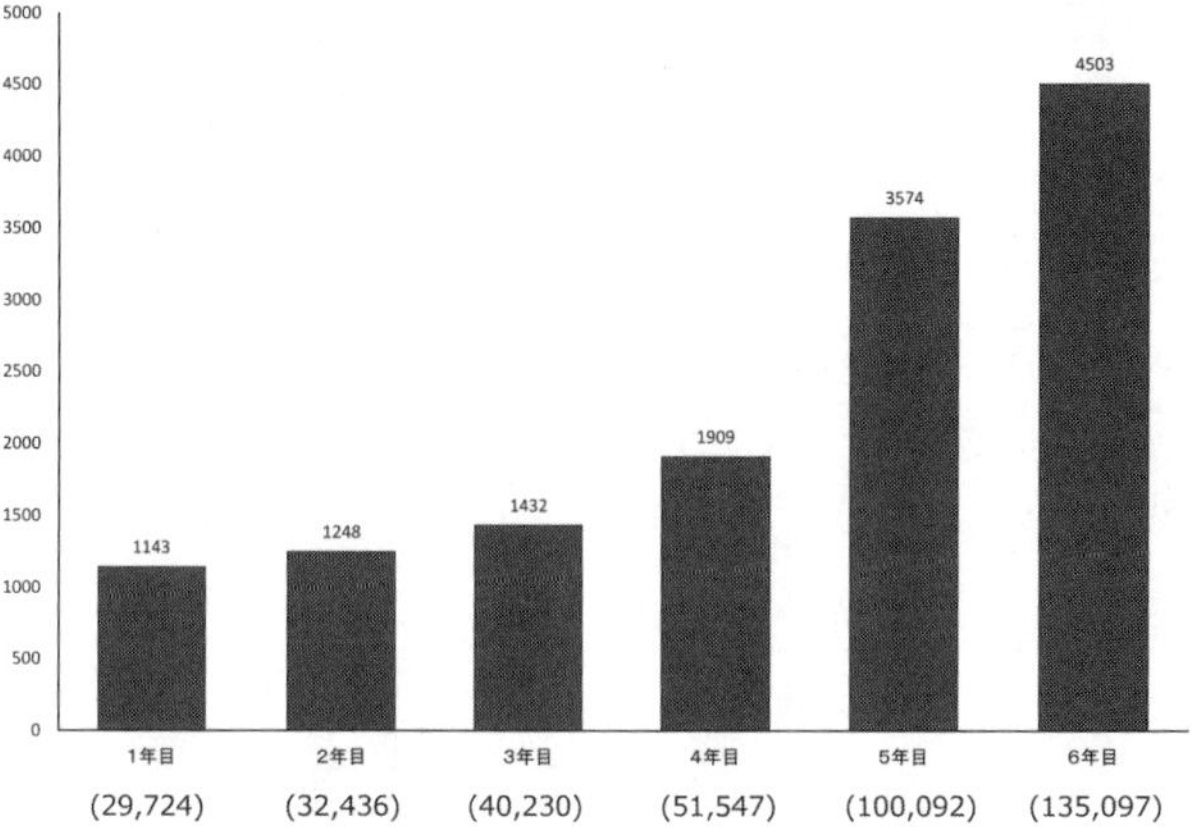

千葉は着実に観客動員を増やしている（カッコ内は年間入場者数）

ことも多少関係していると考えられます。以前からファンクラブの方々には前売り券を購入できるシステムにしていましたが、加えてファンクラブの階層によって金額を変え特典を付けたこともプラスに働いています。Bリーグのホームゲームは年間30試合。ということは、年に30日しか営業していないお店のようなもので、その30日間でいかに稼ぐかがチームの死活問題になります。現時点でのホームゲームの座席占有率は93%で、ホームゲームではほぼ毎試合、満員感を作りだせています。17〜18年シーズンは平均入場者数４７００名、シーズン合計14万１０００人を、また18〜19年シーズンは平均入場者数５０００名、合計15万人を目標にしていますが、それ以降の目標は設定していません。というのも、18～19年シーズンの目標が現在のホームアリーナでは最大の数字で、箱自体を変えないとそれ以上の動員が見込めないからです。さすがに建て替えるわけにはいかないので、チケット単価の引き上げ、放映権料など、あらたな収入の仕組みを作らなければなりません。

私たちは、観客を集めるために、さほど目新しいことは行っていません。新年度の目標を定める際は、前年度の結果をレビューし分析を行っています。結果に基づき目標を設定し、目標をどのように達成していくか、その方法を具体的に作りこみ実行していきます。その確率を上げる作業を、これまで継続して行っているのです。

また、新規顧客の獲得やリピーターの増加も重要な要素です。

観客の大部分は、ネットでチケットを購入しているライト層です。そのためジェッツではインターネット購入層に加え、チラシの配布にも注力しました。また、バスケットボール協会と連携し、ホームゲームで前座試合を企画。その前座試合に出場する選手の親御さんや、祖父母の方へのアプローチも積極的に行いました。

もちろん、チームを支えるスポンサーの存在も欠かせません。現在ジェッツは300社程度に協賛いただいています。スポンサー企業に所属する社員の方を合計すると、それだけで数万人。その方々にもアリーナへ足を運んでいただくためのアプローチを行っています。

実際に試合当日もさまざまなイベントを準備しています。プロ野球でもホームゲームの際に「レディースデー」といった企画を行っていますが、ジェッツでも地元船橋市と連携し、「ホームタウンふなばしDAY（市在住者、在勤・在学者に2階自由席を無料開放）」を開催、さらに15年5月にはホームタウン協定を締結し、まちを挙げてジェッツの挑戦を応援いただいています。また、子どもたちがスポーツへの夢やあこがれを抱けるよう、トップアスリートのプレーに触れるなど、様々な体験を通じてスポーツの推進を図る「ちば夢チャレンジ☆パスポート・プロジェクト」というものがあるんですが、その一環として、ホームゲームに親子ペアで数組をご招待しています。チケット代に関しても、スポンサーをつけることで収益にすることができました。集客の弱いところにはそういった企画を折り込んでいますが、一見無料だったり安く見えているものも、実際の売り上げはしっかりと立てているのです。

数年前から行っているチラシ配布は、例年の傾向を考えると1％から2％の効果が見られます。現在は行政と連携を強化して、ジェッツで作ったチラシをほぼ毎試合、教育委員会経由で各小学校、中学校で配布していただいています。実は我々が駅前でチラシを配ってもそれほどの効果は得られない。でも学校で先生が配布すると、子どもたちはランドセルに入れ、帰宅してそのチラシをランドセルから出して親御さんに見せ、試合を見に来るところまで持っていける。子どもの入場料は安く、親御さんは正規価格で。そういった試みにより、会場に足を運んでいただける確率も上がり、今ではそうした方々が大きなシェアを占めています。新規顧客の獲得とリピーターの増加は、観客動員の増加はもちろん、売上の向上にもつながっていくのです。

もちろん、予定通りにすべて物事が進むわけではありません。選挙活動と同じで、積極的なアプローチや呼び込みをしても、実際に試合を見に来てもらえるかどうかは未知数。スポーツの観客動員を上げるのは雲をつかむようなものです。でも、だからこそ、目標到達のための努力を継続する必要があります。

「呼ぶ」だけでなく、「離さない」ために

また、私の感覚で申し上げるならば、人は一度嫌いになるとそれに対して興味を示さなくなります。必死に集客し、実際に試合を見に来てくれても、たとえば当日の試合会場でホスピタリティが低かったり、ワクワクしなければ「また行きたい」という気持ちにはなりません。営業努力で「呼ぶ」という作業と、試合を見に来たときに「離さない」作業、両方連動しないと成り立たないのです。

そういった意味では、アリーナに非日常空間を作り上げることや、ホスピタリティの質の向上、エンターテインメント性を追求することはとても重要なことだと考えています。

ジェッツでは選手入場の際のエスコートキッズをはじめ、アリーナならではの演出や仕掛け

を行っています。現在、You Tubeの「ジェッツチャンネル」では、会場を（チームカラーである）赤く染めるための企画を行い、ホームページでも積極的に呼びかけています。その効果もあって、現在はどの試合もホームアリーナが真っ赤になりつつあります。

ただ現在、バスケット界の全体を見渡してみると、すべてにおいてエンターテインメント性が高いかといえば、必ずしもそうではありません。他のスポーツや他ジャンルから学ばなければならないことはまだまだ多いでしょう。バスケ界の中で、ジェッツはエンターテインメント性が優れていると言われているかもしれませんが、私自身はまったく満足していません。

ただ、そういったエンターテインメント性が集客に寄与するという反面、本当にそれが価値のあるスポーツビジネスとなっているのかも考えなければなりません。あくまでも試合、選手が主役であることを忘れてはいけない。バランスとメリハリを意識しながら、ホームゲーム30試合を遂行していければと考えています。その中で、選手やスタッフ、ボランティア、地域社会など、ジェッツを取り巻くすべての方々に「ジェッツに関わって幸せだった」と思っていただくことが、あるべき姿です。

そしてクラブ経営者としての私がこれまで行い、これからも継続していくことは、会社としての経営理念や方向性を明確にし、経営目標や数字を定め、達成のために何が必要かを考え、プロセスを管理することです。それらがきちんとできてこそ、報酬アップや評価がスタッフ一人一人のやりがいへとつながり、会社としての一体感や強さにつながっていくと信じています。他のバスケチーム、スポーツクラブに比べても、私はこれらのことを徹底的に、強烈に意識してやっている、という自負を持っています。私はもともとバスケットの「バ」の字も知らなかったような人間ですが、さまざまなご縁の中でクラブの代表となり、Bリーグのバイスチェアマン（副理事長）となりました。今までバスケット界を変えていくべく、さまざま策を講じてきました。ジェッツ代表に就任してからの6年を総括すると、あまり「スポーツ」という部分にとらわれすぎず、「経営」「ビジネス」という面で考え、業界に向き合ってきたことで今があるように感じています。

クロストーク

リーグの価値を上げること、「島田塾」のこと

受講生　アリーナでのエンターテインメントの方向性について教えてください。

島田　非日常的な異空間を作ることが大事です。ただ、今は試行錯誤の段階。明確には決めていません。大事なのは「ド派手にいこう」ということだけ。他チーム以上に、すべての面をパワーアップさせたいですね。照明の光量を強くするとか、火を強めにたくとか（笑）。

受講生　売上高15億を達成するために、入場料以外で伸ばそうと考えているところ、可能性があると考えているのはどういった面でしょうか。

島田　チームの価値を上げれば放映権料や他の収入も見込めます。ただ、各クラブでできることには限界がありますから、業界全体の力を結集しなければならないところですね。

受講生　Bリーグの価値をどのように上げようと考えていますか？　たとえば将来的にNBAで試合ができたり、放映権収入をさらに得ることも視野に入っているのでしょうか。

島田　Bリーグの価値が上がればスポンサーに高く売れる確率が上がります。あとはバスケ界が盛り上がり日本代表の強化につながること。それがリーグの使命の一つでもありますし。

受講生　社長を引き受け、実際にリーダーとして組織に入ったとき、一緒に働くスタッフを何人か入れたり、ある程度メンバーを固めてスタートしたのですか？

島田　足りない部署の人員はさすがに補充しましたが、自分が知るスタッフで固めようとは考えませんでした。重要なのは先入観を持たず、今自分たちが何をすべきかを見定めること。状況を理解した上で、教育も含め、不足している部分を補充すればいい。私が12年に経営を引き継いだときは倒産寸前で、スタッフも不安に駆られていました。疑心暗鬼に陥らないよう、刺激を与えないようにやっていましたね。

受講生　以前の習慣や考えを引きずるスタッフもいたのではないかと思います。島田さん

Bリーグクラブの中でも、アリーナ演出は千葉が突出している

がジェッツの社長に就任されて、どれくらいのスタッフが替わったのでしょうか。

島田　当時7人ほどスタッフがいましたが、その中で今も残っているのは経営陣も含め2人です。会社の成長過程の中で、経営者は組織を着実に成長させるために、リーダーシップを強めていきます。そうすればするほど「昔はこうだったのに」と過去を引きずるような発言をするスタッフが出てきました。以前のやり方がダメだったから経営が悪化し、結果として私が来ているのにそこを理解していない。こちらから解雇することは一切なかったのですが、私が遠慮せずガンガン発言しているうちに、そういったスタッフは去っていきましたね。

池田　Bリーグの各クラブの経営について、母体が企業チームだったところはかなり苦しんでいる印象もあるのですが、実際はいかがでしょうか。

島田　バスケットボールの基本的な特徴としては、過去ｂｊリーグはおよそ２０００万円ほどでリーグに入会できたし、数千万円でチームを立ちあげることも出来た。リーズナブルにプロスポーツクラブの経営者になれる産業です。そのため、クラブを持ちたいという夢を持ち、自分の生活や人生をかけてやっている人も、純粋にビジネスをやってみたいという人もいました。いずれも覚悟を持ってやっている方ばかりですが、割合としてはバスケットが好きという気持ちがベースにあって経営を行っている人が多いですね。

池田　リーグのバイスチェアマンとして、Ｂリーグの他クラブの社長を集めて勉強会「島田塾」を開催しているそうですね。どんな経緯で始まり、どんなことを教えているのですか？

島田　私が各クラブの経営者を育成できるのかといえば、もちろんそんな簡単な話ではありません。「経営者」は育てるものではありませんから。でも、「育てられない」と言った瞬間にすべてが終わってしまう。そういう葛藤があったのですが、集客やスポンサーセールスだとか、そういうテクニカルなものは経営者に伝えられるのでは、という思いで、「島田塾」をスタートさせました。テクニカルなものを伝えれば各クラブの「目先の数字」は伸ばせるんです。

ただ、そこから先ですよね。クラブをさらに上のステージまでもっていける経営者を育成するには、その人の魂に火がついて、壁があっても乗り越えていくといったような経験をしていくという過程が絶対に必要になる。もしその段階にある経営者であれば、私なりに、その方の思考回路や意思決定のプロセスに影響を与えることはできると思いますが。

千葉ではバスケ人口が増えている

受講生　プロ野球界の経営者の年俸が1500万～3000万、Jリーグがおそらく1000万～2000万円程度とお聞きしています。現時点でBリーグはどれくらいでしょうか。

島田　あくまでも推測ですが、300万～3000万ぐらいまでの幅があると見ています。

受講生　NFLのコミッショナーの年俸は四十数億円と言われています。そういった組織の規模に見合う人、人材を引っ張ってこなければならないと考えると、全般的にスポーツに従事する方々の給料が安いと感じています。もう少し上げていかないと、良い経営者が来ません。そういった意味で、島田さんがこれから引っ張ってくる経営者像にも期待したいのですが。

島田　組織をすぐに立ち上げられるのは自分で借入をして、借金をして、命をかけている人。つまり資本と経営が分離していなくて、そもそも構造としていい人材を作る、呼んでくるという概念がほとんどありません。企業チームのように親会社からの出向で就任するケースにも、自ら起業するケースにも、プロの経営者が呼ばれるという構造がありません。その現実をどのように捉え、どう変えていくかはこれからの課題だと思います。

受講生　小学校ではミニバスケがありますが、千葉ジェッツ以外にバスケに関するスクールとかクラブの現状はどうなっているのでしょうか。また、教育委員会との連携も含めて、千葉県内のバスケ人口を子どもたちから増やしていくような方法はお考えですか？

島田　もちろん普及育成活動は行っています。スクールも小中高とありますし、中学を卒業した優秀な選手が、高校で市立船橋など強豪校へ進むためのスクール、組織もあります。Bリーグとしては、今後3年以内にJリーグのクラブと同じようにU12、15、18といったアンダーカテゴリーのユースチームを設置しなければいけません。私たちもすでに、学校の部活とは別のピラミッド構造の中で普及、育成を行う構造を作り始めています。また、オフシーズンには選手たちが幼稚園や学校に行ってバスケットを教えたりするなど、細かな普及活動を数多く行っています。こういった活動が実を結んだ結果なのかどうかはまだ分かりませんが、5年前に立ち上がってから、千葉県でバスケットボールの競技人口が一気に増えているというデータも出てきていますね。

（2017年6月1日）

Shinji Shimada

1970年新潟県生まれ。大学卒業後、旅行会社を経てコンサルティング会社などを設立、2012年千葉ジェッツふなばし（千葉ジェッツ運営会社）代表取締役社長。15年にはBリーグ理事となり、17年9月から18年3月までリーグのバイス・チェアマンも努めた

第5回

田嶋幸三

Kozo Tashima

（日本サッカー協会会長）

「育成日本」復活の真意とは

Jリーグ開幕から25年、6大会連続でのW杯出場。確実に発展してきた日本サッカー界において、さらなる飛躍の要となるキーワードは？

プレゼンテーション

「失われた20年」を繰り返さないために

まずは私が日本サッカー協会（ＪＦＡ）会長という立場でやっていることをお話しします。私たちＪＦＡには「ＪＦＡ２００５年宣言」、Ｊリーグには「Ｊリーグ百年構想」があります。現在の日本サッカーも突然強くなったのではなく、それまでに蒔いた種がありました。何十年もかけて芽を出し、花を咲かせている。もっと大きな花を東京五輪で咲かせたいと思っています。

私たちは「ＪＦＡ２００５年宣言」の中で、２０５０年までにW杯で優勝することをターゲットにしています。夢のような話かもしれない。しかし、夢があるからこそ強くなれる。ＦＩＦＡランク55位（3月15日現在）で、アジア予選でも苦戦している分際で何を言っているんだと思う人がいるかもしれない。それでも私は、組織のトップとしてこのことを絶対に忘れてはいけないと思っています。また、サッカーの普及に努め、スポーツで人々が幸せになる環境をつくる。サッカーだけじゃありません。社会貢献です。私たちの活動によって、さまざまな地域の人々がスポーツを楽しめる環境を得られたり、スポーツを見て希望や勇気を得られるような文化を定着させることが目的だと思っています。

ＪＦＡでは現在、代表チーム、ユース育成、指導者養成の三位一体の強化策を掲げています。しかし過去には壁にぶつかったこともあります。

50年以上前になりますが、１９６４年の東京五輪に向け、ＪＦＡは１９６０年、日本代表の強化のために西ドイツからデットマール・クラマーさんを指導者として招聘。千葉県の検見川にあった東大グラウンドで数カ月間、合宿をしました。キャプテンだった八重樫茂生さんや二宮寛さんら実業団の選手たちは、午前は東京・八重洲で働き、午後3時から検見川で練習する。結果、東京五輪でベスト8、１９６８年のメキシコ五輪では銅メダル。これは日本サッカー界にとっての金字塔となりました。

しかし当時は、オリンピックで勝つために一握りの選手を集め強化したため、ユース育成や指導者養成に思いが及ばなかった。各地域から将来の代表選手を発掘することを目指すトレーニングセンター制度ができたのは70年代の中盤。指導者養成を始めたのも60年代の終盤です。

メキシコ五輪で銅メダルを獲得して以降、日本代表は五輪出場権を逃しつづけました。ようやく切符をつかんだのが96年のアトランタ五輪。そして初のＷ杯出場が98年のフランス大会です。ユース育成や指導者養成を始めて結果が出るまで、20年以上かかってしまいました。この「失われた20年」の教訓を生かし、目先の勝利だけを目指すのではなく、組織的に選手と指導者を育成し、それを良い循環で世代交代させていくことが私の理想です。

日本代表についても、ユース世代、男女含めてすべての世代代表が常に意識しているのが「世界基準」です。出場如何にかかわらず、すべての世代の世界大会を分析・評価し、課題を抽出しています。そして課題を克服するシナリオを書き、改めて世界カテゴリーで評価の機会を持つ。このサイクルを続けています。世界のサッカーは日進月歩、国内だけで争っていては世界基準は身につきませんし、すぐにガラパゴス状態になってしまいますから。

私がなぜ16年のJFA会長選挙のマニフェストで「育成日本復活」を謳ったのかというと、当時U－20代表が10年近く世界大会に出ていなかったからなんです。5大会連続での予選敗退はあってはならない。結果として若い世代の突き上げがうまくいかず、SAMURAI BLUE（日本代表）の主力選手は30代に入ってしまっていた。本当は、もっと若い選手が主力に定着していなければならなかった。

17年、日本はアジア予選で初優勝し、5大会ぶりにU－20W杯に出場しました。本気を出せばアジア王者になれるんです。W杯ではベスト16でベネズエラに負けましたが、そのベネズエラは準優勝。グループステージでイタリアやウルグアイとも対戦できた。あの世代の、世界での立ち位置を知ることができました。

女子も同じです。なでしこジャパンは11年にW杯を制し、12年ロンドン五輪と15年W杯でも準優勝しました。ところが澤穂希がいなくなった16年のリオ五輪では、アジア予選で敗退して出場できなかった。今、高倉麻子監督が2019年のW杯と東京五輪に向けて世代交代に取り組んでくれています。

女子サッカーの普及活動も重要です。現在JFAには男子が約100万人選手登録していますが女子は3万人弱。欧米と比べるとあり得ない数字です。アメリカのサッカー人口の男女比は54対46。男女平等が徹底され、学校での男女サッカー部の併設が法制化されています。ドイツでも男女比は7対3。これはJFAが取り組まなければならないことだと思っています。

キッズ世代、育成世代への施策が何よりの「投資」

さきほど触れた三位一体の強化策に加え、現在さまざまな普及活動を行っています。レフェリーや指導者養成と同様に、力を入れているのが子どもたちへの投資です。東京五輪はもちろん大切ですが、「ポスト2020」も見据えなければなりません。22年W杯予選をどう戦うのか、出場国が48カ国に増える26年W杯に向けてどう準備するのか――そのためにもキッズ世代を対象とした巡回指導やフェスティバル開催を行っています。もっともこれはサッカーのためだけではありません。現在、小学校では校長先生の話を立ったまま聞いていられなかったり、姿勢が悪くて背骨が曲がっている子どもが増えています。将来、その子たちが夢中になるスポーツが野球やバスケであってもいい。小さい頃から体を動かす楽しさを伝える場が必要なのです。

こうした「ポスト２０２０」への施策を成功させるには、50年後、１００年後のビジョンと継続性が必要になります。段階ごとの達成項目を定めたロードマップも必要です。

２００６年、それまでＵ－18年代が出場していた国体の「少年男子」を、Ｕ－16年代に引き下げました。当時は２００３年、２００５年と2大会連続でＵ－17Ｗ杯への出場権を逃していた時期。理由はわかっていました。同大会のアジア予選に出場するのは16歳以下の選手たちですが、当時は15歳の中学3年生が夏でサッカー部を引退し、その後は高校入学までサッカーから離れてしまうことが多かった。また高校でも1年生は球拾いと声出しばかり。その世代の「鍛えるべき時期にピッチに立てていない」選手を集めていたからです。そこで国体を高1が出場する大会に変えました。改革案を出したのが99年ですから、実現するまで約7年かかりましたが、この変更によって、結果的に07年から4大会連続でＵ－17Ｗ杯に出場することができている。大変わかりやすい成果です。

ただし、こうした施策には賞味期限があります。15年大会では、再び出場権を逃してしまった。国体Ｕ－16化で得られた効果も、約10年で切れたのかもしれません。スクラップ＆ビルドではない、あらたな改善策を考える時期にきているようにも感じています。

歴代代表監督や指導者の功績を再評価する

そして、変えてはいけない本質、基本もあると思います。特にサッカー協会が出す指導のガイドライン、指標、指針は基本を徹底する必要があると思います。

日本サッカーの歴史において、「基本」を根付かせてくれたのが、クラマーさんです。「パス&ゴー」「ルックアラウンド」「ミートザボール」。これらは今でも普遍的な個人戦術です。基本戦術を教えながら、インサイドキックなど基礎技術も徹底して指導されました。

クラマー（右上）、オフト（右下）、トルシエ（左上）、岡田武史（左下）。歴代の監督、指導者が日本代表の選手たちに植え付けた「基本」が今に生きている

ところが、その後の70～80年代、日本代表はアジアのBクラスに落ちました。シンガポールにもマレーシアにも勝てなかった。当時の日本の指導者は「クラマーさんのやり方は古い」

「オランダのトータルフットボールや、ブラジルの技術から学ばなければ」ということばかり言っていたけれど、結局何も実を結ばなかった。

その流れを変えてくれたのがハンス・オフトさん。ヤマハの監督に就任すると「トライアングル」の意識を徹底させた。ボールホルダーに2つのパスコースを作る、ということです。それから「アイコンタクト」。やみくもに走る日本人選手を見て、味方同士目を合わせて動き出しなさいと伝えた。守備ではFW、MF、DFの3ラインをコンパクトに保ち、選手間の距離を縮めて「スモールフィールド」で守る。クラマーさんと同じく、彼もキック練習を徹底的にやりました。その結果当時の日本代表はヤマハに勝てなくなった。その後、オフトさんは代表監督になりドーハの悲劇を迎えます。W杯初出場まであと一歩のところまで迫ったのです。

フィリップ・トルシエ監督も、日本サッカーに貢献してくれた指導者です。「型にはめる」と言われていたけれども、彼は「止める・蹴る」をオートマティックにできるようにした。中田英寿、宮本恒靖、小野伸二、稲本潤一、高原直泰――彼らは20歳前後のときにトルシエ監督に徹底的に鍛えられた。そしてその後の日本サッカーの10年を支えてくれました。

岡田武史監督も、それを引き継いでくれました。「全員がしっかり準備してハードワークする」ことを徹底させながら、体幹トレーニングを重視するなど個々の選手の意識が高まるように動き、技術面の練習もしっかりやってくれた。だからこそ良い成績を収められたんです。

われわれは彼らのような歴代の指導者の教えをもう一度見直そう、と発信していく必要があると思っています。周囲からの批判には慣れています。でも「これが正しい」と思ったことを伝える姿勢を持ち続けたい。「クラマーさんがやっていたことは、もう古い」と軽視した結果、日本のサッカーがどうなったかを、私たちはもう一度知らなければならないと思っています。

すべてはスポーツを愛する心から

最後にみなさんに一つお伝えするとすれば、スポーツビジネスを志すならばスポーツを愛していなければダメだということです。歴代のＪＦＡ会長では長沼健、岡野俊一郎、川淵三郎、犬飼基昭、小倉純二、大仁邦彌の各氏にお世話になってきましたが、全員サッカーを愛していました。

受講されているみなさんの中には、リーガルに強い人もいれば、マーケティングに強い人、いろんな人がいると思います。でも、そういった自分の得意な分野のことを活かしながらも、「そのスポーツが好きだ」「このチームを強くしたい、発展させたい」という気持ちがなかったら成功しません。自分の野望や願望のためだけにスポーツを使うとするならば、やらないでほしい。そのスポーツに関わることで「社会に貢献するんだ」「多くの人を喜ばせたいんだ」というパッションのある人に、ぜひスポーツビジネスをやってもらいたいと思います。

クロストーク

育成システムを活用したビジネスモデル作りを

池田　Jリーグについて、サッカー協会の会長としてはどんなことに力を入れていますか。

田嶋　Jリーグのクラブは、トップチームの下に各年代のアカデミーを抱えています。そこを発展させていきたい。まだ日本では高校のサッカー部に強いチームがあり、大学からプロになる選手がいる。ヨーロッパから見ると特異な国です。それをどう生かせばいいか。それとも将来的にはヨーロッパ同様、プロクラブの育成組織が中心になったほうがいいのかは、これから議論が必要だと思っています。

池田　明治大学のスポーツに関わっていますが、サッカー部のレベルの高さに驚きました。J2レベルとなら互角に戦えるくらいの力をもっているように感じました。

田嶋　確かに天皇杯では大学がJリーグのクラブに勝つこともあります。レベルが一緒とまではいかないけれど、実力はありますし、大学から即戦力としてJリーガーになる人もいます。

池田　指導者次第ですよね。能力のある指導者をどこに配するかが大事なのでは？

田嶋　そうなんですが、一方でJクラブは経営面の問題もあってアカデミーに投資しづらい現実もあります。本気で育成をやるクラブが増えてきたら、状況は変わると思います。バルセロナやレアル・マドリーは自分たちで育成拠点や独自のメソッドも持っている。まだ日本では、「育成はお金と時間がかかる」「生むものがない」という意識がある。しかし、選手を買うことにもお金がかかりますし、良い選手の移籍金は50億〜60億円が当たり前になっていますから。フランスリーグのモナコは数億円で買った選手を育て100億円で売る、というビジネスモデルです。優勝して賞金を得て、観客動員が増えチケット収入とテレビ放映権で儲けるのではなく、選手の育成でチームを経営する。こういうクラブは、今の日本では生まれにくい。

池田　ＪＦＡの職員数は何人くらいいるんですか？

田嶋　職員は180名くらい。加えて、フルタイムで働いている指導者が60名近くいます。この10年で2倍になりました。今では全員の顔は分からないですね。他の企業や分野で働いて、一定の教育を受けた方たちを採用しています。サッカーが好き、スポーツが好きだという職員が多いのはたしかです。ただ、彼らの仕事は他のビジネスマンと変わらない。マーケティングに携わっている者もいるし、経理担当も広報もいる。その意味でいうと、英語のスキルがあるとかマーケティングや広報の経験があるとか、そういうスキルは大事だと思います。

受講生　日本のレフェリーは海外に比べてオーソドックスな判定をしているように思いま

す。何か指針はあるのでしょうか。

田嶋　「日本のレフェリーはレベルが低い」と言われる方がいますが、近年、日本のレフェリーのレベルは高くなり、W杯などの大舞台にコンスタントに日本人レフェリーを送り出しています。もちろん、今後もレベルアップを図っていくことが大切です。17年から、Jリーグでは試合直後にクラブと審判アセッサー（評価者）が試合の意見交換を行う場を設けています。お互いの進歩と発展のために、フェアに意見を交換できる場にしたいと思っています。

池田　アメリカではメジャーリーグサッカー（MLS）が人気です。どう見ていますか？

田嶋　5万人規模のスタジアムが満員で盛り上がっている反面、代表チームは低迷してロシアW杯予選では敗退しました。世界基準に合わせるのではなく、サラリーキャップ制度を導入し、昇格・降格制度を導入しないなど独自のルールでクラブチームを守っています。

プロの興行として長期的な投資をしようと考えたら、降格制度なしのほうがやりやすい。「降格したら」というリスクを抱えながらの経営は大変ですから。我々は、Jリーグ発足当初に「スポーツを文化にする、社会に定着させる」という理念を掲げました。クラブ数を絞って昇格・降格をなくしたら全国には広まりません。現在、全国に54クラブありますが、まだJクラブのない県が9つ残っています。もっと増やしていきたいですね。

受講生　他の競技団体へのサポートについては、どのように考えていますか？

田嶋　Ｊリーグでも、アルビレックス新潟がバスケのチームを持っていたり、東京ヴェルディがバレーボールのチームを持っています。理想としては、サッカーというスポーツがよりメジャーになって、そこで稼いだお金を他のスポーツに還元していく流れをつくりたい。ご縁が深くなった日本バスケットボール協会をはじめ、他の競技団体とも良い関係を築き、交流もしています。ＪＦＡがすべてを指揮しようとは思っていませんが、常に模範でありたいし、日本のスポーツ界をリードしていける組織であれば嬉しいなと思っています。

（２０１７年６月29日）

Kozo Tashima

１９５７年熊本県生まれ。筑波大時代に日本代表に選ばれＦＷとして活躍。82年現役引退後、指導者に。98年ＪＦＡ技術委員長。専務理事、副会長を経て２０１６年３月に現職。ＦＩＦＡ理事も務める

第6回

井上康生

Kosei Inoue

（シドニー五輪柔道男子100kg級金メダリスト、柔道全日本男子監督）

日本柔道はなぜ復活できたのか

ロンドン五輪の惨敗から、リオ五輪で全階級メダル獲得の偉業達成。男子柔道復活の切り札が取り組んだ選手の意識改革と強化策に迫る

プレゼンテーション

あえて勝利至上主義を掲げた理由

2016年のリオ五輪、柔道男子は全4階級（当時）でメダルを獲得した1964年の東京五輪以来、全7階級でメダルを獲得しました。選手たちの頑張りはもちろんのこと、スタッフや所属チームの先生方など、数多くの方々に応援していただいた賜物だと思います。

私が全日本男子の監督に就任したのは、ロンドン五輪で男子が金メダルゼロという惨敗を喫した直後の2012年の11月。柔道が64年の東京五輪で種目に採用されて以来、不参加だった80年モスクワ大会を除けば初の危機的な状況といえました。監督就任について、周りからは「火中の栗を拾うようなもの」「キャリアに傷がつくだけ」と止められもしました。しかし、そういう状況だからこそさまざまできる、とプラスに捉えました。ゼロからのスタートです。やりたいことに精一杯挑戦し、リオ五輪で成功に導きたいという強い意志を持って臨みました。

リオまでの道のりはいろいろなことを考え、苦しみ、悩んだ4年間でした。生身の人間が相手ですから答はなかなか出ないし、マニュアルもない。選手や課題と真剣に向き合い、考えながら手を打ってきました。選手以上に成長することができた4年間だったと思っています。

では、具体的にどんな改革を行ってきたのか。まずは「意識」の部分です。会社の理念にしても、大学の理念にしても、自分たちがどのような道に進むべきか、どのような価値観や規範に基づいて事業を行うか、示すものがなければすべての過程においてブレてしまいます。そこで監督である私、そして全日本柔道連盟（以下全柔連）ではいくつかの目標を掲げました。

大きな柱として考えたのは「最強かつ最高選手を育成すること」です。

「最強」とは、オリンピックであろうが世界選手権であろうが、対戦する相手が強かろうが弱かろうが相手を倒すということ。「勝利至上主義でいいのか」と問われることもありました。「オリンピック王者を目指す」「世界一」という言葉を私たちが掲げたときも、周りからの過剰なアレルギー反応がありました。「そんな大きな重圧をかけていいのか」と。でも、我々が目指さなくて誰が目指すのでしょう。それにもし試合に負けたとしても、結果を真摯に受け止め、次なる成長に向け努力を重ねればいい。負けたから「お前が悪い」「代表の資格がない」という風潮は絶対にあってはなりませんが、トップを目指す気持ちは変わりません。

とはいえ、勝てばなんでもいい、ということではありません。むしろそういった感覚は間違っていると考えます。オリンピックは選手にとって最高の舞台ですが、「オリンピックがすべて」ではない。そういう傾向が顕著になれば、柔道やオリンピックの価値そのものがなくなってしまいます。だからこそ、どんなときも柔道は素晴らしいし、選手は「彼の柔道は応援したくなる」と憧れられる存在でなければなりません。

選手を信頼し、自分の未来像を描かせる

こういった理念を踏まえ、監督就任後最初に行ったのは、選手に自分がどのような選手像を目指すのか、人生観や仕事観をイメージしながら考えさせることでした。オリンピックを意識した4年の長期計画を立てつつ、目の前の一日一日をどう大切に生きるかを説きました。

こうした試みは私が選手に対し、全幅の信頼を置くところから始まっています。最終的に畳の上で戦うのは選手。監督やコーチが戦うわけではありません。選手を信じ、選手主導で、「自立」に重点を置きながらどのように進ませていくかを考えました。

また柔道界は過去、精神論や根性論に偏っていた時代がありました。試合中に予期せぬことが起きた時、精神力や根性で乗り切らなければならない局面は確かにあります。とはいえそれだけでは足りない。何がなんでも負けないという魂を持ちながら、トレーニングや分析・肉体改造といった科学的なものと、精神論や根性論といった非科学的なものとのバランスを取ることが必要です。

さらに試合中に様々なことが想定される上で、私が理想としてきたのはスキのない選手です。実は、選手たちには常にネガティブな意識を持たせました。といっても「お前は負ける」とか「お前は勝てない」などといったことではありません。試合で想定されるシチュエーションに

よっては、「これはイヤだな」と感じることもあるでしょう。そういったときに、「試合になったら大丈夫だ」という意識に変換させるのです。準備を怠った人はどこかで失敗を犯します。ですから、大事な試合まで1カ月半を切った段階から、いくつものネガティブな状況を想定して、それをクリアしていければ勝つ確率は高くなる、と選手に説いてきました。

ＪＵＤＯを知るとともに、柔道の素晴らしさを知ること

また、日常的に世界の基準に目線を置くことも重要です。かねてから私は、日本の柔道がすべてだという考えは、いずれ痛い目にあうと感じていました。世界の柔道、「ＪＵＤＯ」をしっかりと知っておかなければなりません。もちろん、日本の柔道の素晴らしさも伝えます。自分たちの長所と短所を知った上で、情報をキャッチすることが大切だと考えました。

フランスにはリオ五輪の男子柔道１００kg超級の金メダリストで、世界選手権8連覇中のテディ・リネールという選手がいます。身長２０４cm、体重１３５kg。僧帽筋、大胸筋、腹筋が非常に発達していて、これほど恵まれた体格の選手は、世界でもなかなかいない。彼のような体格の相手と組み合うためには、全身の筋肉が必要になります。専門のスタッフを入れ、そういったアプローチも変えていきました。過去の柔道界の練習はランニングが中心で、ウエイトトレーニングやその他のトレーニングはあまり取り入れていませんでした。「柔よく剛を制す」

この10年、男子最重量級に君臨し続けるリネール（©JMPA）

という言葉もありますが、いまや「柔剛一体」です。技術も体力もある選手を作っていきたい。

また選手たちに、知識を植え付けさせるような課題を与えてきました。全日本の合宿中に本を渡して勉強会を開いたり、他の国の独自の格闘技（モンゴル相撲やブラジリアン柔術など）の専門家から進化する世界の柔道への対応力を学んだり、海外修行で世界の文化を学ばせたり。リオ五輪の男子100kg級の銅メダリスト羽賀龍之介も、13年に1カ月間単身修行に出かけ、15年世界選手権初優勝へつなげました。羽賀は柔道と共通点の多いモンゴル相撲の身のこなし方や力の入れ具合、オンオフの切り替えの上手さを知り、帰国後「この域に入ったら危ない。ここだったら狙えるという感覚が見極められるようになった」と話しています。

また、選手だけでなく、コーチにも選手同様の意識改革を求めました。選手に世界一を目指せというならば、我々も世界一の戦術家でなければいけないのです。その意識を持って、常に学び続けることを求めています。

それらすべての原点が、人間力の向上です。人間力の向上なくしては競技力の向上はありません。内面はもちろん、対人を意識することも求めました。身だしなみ、コミュニケーション力、言葉使い。評価は人からされて初めて「評価」となることを意識しながらアドバイスしました。

今だけでなく、10年後、50年後、１００年後の柔道界の未来も視野に入っています。勝ち続けられる組織をいかに作るか。常にコーチやスタッフ陣でミーティングを開きながら、形が多少異なったとしても、また私がいなくなっても、同じ方向性のもとでやれるスタイルで行っています。ただ、計画性において気をつけなければいけないのは、すべての成功体験が、必ずしも今の時代に当てはまるとは限らないこと。リオ五輪と同じことをしていたら、東京五輪ではロンドン五輪のような形で惨敗してしまうでしょう。それくらいの危機感を持っています。だからこそ、新たな柔道界を作っていきながら、２０２０年は大成功を収められるように進化していきたい。そう強く願い、目標に向かって力強く突き進んでいきたいと感じています。

ビジネス面でのチャンスは活かしきれていない

池田　今、日本代表の選手は国際試合に年間何試合出場するのですか？

井上　平均すれば3、4試合ですが、ポイントをとるために多くの大会に出場する選手もいます。試合をこなしながら成長する選手もいるんです。ベイカー茉秋は、練習量は多くないけれど試合での集中力が高く、現場で吸収する力も並外れていました。彼は2015年、7、8試合に出てリオ五輪に臨みました。逆に大野将平は年間3試合でしたが、ともにオリンピックで金メダリストとなりました。選手の特性を見極めて、試合数を判断しています。

池田　柔道家は普段、どのような生活をしているのでしょうか。

井上　国内、国際大会合せて、出場する試合は年間7、8試合ほど。オフシーズンはありません。今は医科学が進歩して選手寿命は長くなってきていますが、他の競技と比べると短いかもしれません。引退後のセカンドキャリアは、昔は警察や学校の先生が多かったのですが、今は企業などのバックアップがあり、思う存分柔道ができる環境がある。そういったことも選手寿命が長くなってきた要因のひとつです。

池田　柔道界全体は、意識面に関してはアマチュア、プロ、どちらの要素が強いですか。

ベイカー（左）、大野（右）は共に東京を目指す（©JMPA）

井上　プロではありませんが、五輪競技を見ている中ではアマチュアでもなくなってきていて、〝セミプロ〟のような形になってきていると思います。特に五輪代表、五輪や世界選手権のメダリストはプロ寄りになってきているのかもしれません。ただ、そういう選手たちはごく一部。そこが基本になると裾野の発展がなくなってしまいます。上は上としてやっていきつつ、底辺の部分からしっかり柔道ができる環境を作ることが大事です。柔道の場合は中学校、高校、大学、企業においても環境は整っているので、強化はしやすいという部分はありますね。

池田　海外でも同じような意識なのでしょうか。

井上　海外の選手の多くは国のサポート

を受け、年間365日ナショナルチームとして遠征も含めて活動しているので、日本の選手よりもプロ意識を持っているのかなと感じます。リネール選手などは上手くバランスを保っていますね。柔道の世界は強豪がカザフスタンやウズベキスタンなど発展途上国から出てくるケースもありますが、そういう国々にプロやそれに類するシステムがある、という話は聞いたことがありません。

池田　全日本の監督に、海外派遣の決定権はあるのでしょうか。

井上　権限はありますが、選手自身の気持ち次第ですね。選手には趣旨を説明して遠征を勧めますが、選手が必要ないと思えば無理にはやりません。監督と所属チームの責任者、選手の3者が理解し、納得した上でとなります。

池田　柔道は日本のお家芸とも呼ばれますし、五輪でも注目される競技です。ビジネス面でも大きなチャンスがある世界だと思うのですが。

井上　まだ生かしきれていませんね。五輪の前年と五輪の年は大会の入場者数も増えて盛り上がるけれど、それで終わってしまう段階。これから本腰を入れていきたい部分です。

受講生　裾野部分での指導者の育成について、変化していると感じることはありますか？

井上　子ども達の指導、育成、発掘は指導者のレベルアップなくしてありえませんし、その部分の底上げなくしてトップも強くなりません。現在は指導者ランクをＡＢＣに分け、整備したシステムをスタートさせています。指導者講習を行う中でレベルが上がっていく形で、このシステムはフランスから取り入れました。フランスでは柔道の指導者は国家資格が必要です。フランスは日本よりも人口が少ないのに、競技人口は日本の15万〜16万人に対し60万人。それだけ柔道の価値が高い。そういった国の良いところを取り入れていきたいと考えました。

受講生　柔道の大会は、どうすればより多くの方に楽しんでもらえるようになりますか？

井上　野球やサッカーと違い、柔道は練習や道場に入りづらいというイメージが強いかもしれません。試合の運営方法も考えていく時期だと思います。個人的には、柔道の「競技性」だけでなく、「健康」だったり「生涯スポーツ」として楽しめる部分を打ち出してもよいのではと考えています。大会演出についてはＩＪＦ（国際柔道連盟）の方針もあり、選手登場の時に音楽がかかったり、炎の演出など、エンターテインメント性も多様化していますが、そういったものを前面に押し出して「柔道界も変わってきた」と言えるようにしていく。とはいえ、変えてはいけないものもある。「何をやるべきか」を考えることが大切だと感じています。

池田　選手のメンタル面でのサポートはどのように行っていますか？

井上　当初は適任者がおらず、メンタルコーチはつけませんでした。選手の気持ちを和らげリラックスさせる、ということではなく、自分の経験をもとに、試合に対する心の持ち方や心得を伝えたりはしていましたね。選手にとっては監督よりも近い存在である担当コーチが、選手たちをリラックスさせる雰囲気を作ってくれました。トレーナーもそう。マッサージを受けながら選手がいろいろ愚痴をこぼす。その情報を彼らからそれとなく聞きながら、聞いてないフリをして選手たちに解決策を伝えることがメンタル面でのサポートのメインでした。ただ、メンタル面は今も模索中ですね。東京五輪はこれまでとは異なる要因が入ってくる大会だと思いますので、そこのケアはしっかりとしていきたいなと考えています。

受講生　監督は現役時代に科学的なアプローチを意識されていましたか？

井上　今は選手の出場大会にできるだけ科学研究班を帯同させ、行けない大会はYou Tubeなどで情報を得てデータ分析を行っていますが、私の現役時代はありませんでした。母校である東海大には新しいものを瞬時に取り入れる環境があったので、自分自身は時代に応じた新しい試みに挑戦していたつもりですが、今と比べると雲泥の差があると感じます。この先も科学は発展し続けるでしょうし、科学の力なくして競技力の向上もありえない。ただ、そこで考えないといけないのは、科学的な力を利用するのもしないのも人間だということ。それだけに頼ってしまうと細い選手、細い組織になってしまう可能性がある。だからこそ、まずはどっしりとした幹を構えた上で、何本もの枝分かれがあるような選手、組織をイメージしながら科学の力を活用していこうと考えています。

（2017年7月13日）

第６回　井上康生

Kosei Inoue

１９７８年宮崎県生まれ。２０００年シドニー五輪柔道男子１００kg級で金メダル獲得。08年引退後はＪＯＣ指導者海外研修員としてスコットランドへ。12年ロンドン五輪後、全日本男子監督に就任

第7回

齋藤精一

Seiichi Saito

（株式会社ライゾマティクス代表取締役）

スポーツとエンターテインメント、テクノロジーの幸福な関係

テクノロジーの力があれば、スポーツはもっと大きなうねりを作り出すことができる――第一人者が語る「アイデア発想術」と「実現力」

必要なものは、全部自分たちで作ろう

今日は、「スポーツと最新テクノロジーの融合」についてお話をします。最新テクノロジーについての説明は割愛しますが、そのテクノロジーが、意外なくらいまだスポーツの世界に進出していないことを、僕はとても疑問に思っています。僕たちにはＨｏｎｄａやＮｉｋｅといったスポーツ関連のクライアントもおりますので、どういう視点でスポーツを見ているのか、どのようにスポーツビジネスに参画しようと考えているかをお話しします。

まず、ライゾマティクスは、平たくいえばクリエイターとアーティストの集団で作られた、非常に小さい会社です。工場のようでもあります。センサーやドローンを作っているスタッフがいて、プログラミング担当の人間もいます。自分たちが何か新しいものを作ろうとした時に、「必要なものは、全部自分たちで作ろう」というのが基本的な考え方です。

２００６年に会社を設立した際に考えたのは、「アートをどうビジネスにするか」でした。いまここにいる皆さんは「スポーツをどうビジネスにするか」を考えていると思いますが、断言できるのは、スポーツという枠組みだけで物事を見てはダメだということ。ひとつの分野で閉じている業界は、絶対に落ちていきます。いろんなジャンルの業界と手を繋ぐ、そして情報

を共有している、もしくは協業していく業界が生き残っていくと思っています。

会社ができたばかりの11年前はデジタルクリエイティブ時代といわれ、最初はウェブサイト制作が主な仕事でした。ただ、クライアントから「こういう商品なので、こんなウェブサイトを立ち上げたい」と言われても、僕は「正直こんな商品は売れないと思うので、やめたほうがいいですよ」って言っちゃう性格なんです（苦笑）。でも、そこから議論を重ねていくと「商品開発担当者と話をしよう」となって、広告だけでなく商品開発にも携わるようになり、仕事の幅が広がりました。そして今、僕が担当している仕事の大半は、都市開発となっています。

最初に「アートをどうビジネスにするか」と考えはしましたが、いわゆるアートマーケットで作品は売りませんでした。アート＝作品制作を基本軸としつつ、畑違いの広告分野に飛び込んで、そこで得た知識や経験、利益を次の作品制作に投資し、新しいものを生み、さらに広告や他分野への進出によってお金を稼いで……というサイクルをずっと繰り返しています。

一般の方々向けに新しいものを送り出す際には、「エンターテインメントに特化したものであること」を意識しています。そして「よりわかりやすいものであること」も非常に重要です。

一例を挙げるなら、ライゾマティクスのR＆D部門であるライゾマティクスリサーチの真鍋大度が電通の菅野薫さんらのチーム、Dentsu Lab Tokyoと制作したＨｏｎｄａのカーナビシステム「インターナビ」のプロモーション映像「Sound of Honda/Ayrton Senna 1989」は、アイルトン・セナが1989年に記録した当時の鈴鹿サーキットの最速ラップを音と光で再現しました。実は、セナが89年の鈴鹿で、どのタイミングでアクセルとブレーキを踏み、その時のエンジンの回転数やハンドルをどれだけ回したかといったデータが、全部紙で残っていたんです。うちのスタッフは「これがあれば鈴鹿のセナを再現できる」と思いましたが、とても難しいチャレンジでした。これは2014年のカンヌライオンズ（世界最高峰の広告賞）でグランプリを受賞できました。こうしたトラッキング技術はスポーツと非常に親和性が高いことの証明にもなりました。

フェンシングで「スポーツで僕らの技術は使える」と確信

また、ライゾマティクスリサーチとDentsu Lab Tokyoは、2020年東京五輪招致活動の際には、プレゼンターである太田雄貴選手（現日本フェンシング協会会長、第13回講師）のバックに流れたフェンシングの映像を手掛けました。フェンシングという競技は一見、細い剣を持って向かい合った選手が高速で突き合い、ルールも複雑でわかりにくい。しかし、トラッキングやマシンラーニングを駆使することで、競技をシンプルに表現し、深みや面白みを視聴者に訴えかけることができる。いまもこのプロジェクトは進行中です。こうしたプロジェクトを経て、「スポーツで僕らの技術は使える」と確かな手応えをつかむことができました。

2012年ロンドン五輪が開幕する2週間前には、ロンドン南東部にあるバタシー・パークを会場として、約4000人の子どもたちを動員するイベントを開催しました。これは人の動きをトラッキングできるFuelBand（Nike）という商品のプロモーション活動の一環で、子どもたちにFuelBandをつけてもらい、男の子と女の子のどっちがより激しく踊っているかを競わせたり、動きをキャプチャーしてスクリーンに映し出したり、公園内の建物を使ってプロジェクションマッピングをしたりといろいろやりましたが、これはロンドンの行政側と綿密に協議して実現に漕ぎつけたものです。いまの時代、世界のどこでも、誰もやったことのない斬新なことをやろうとすれば、必ず何かしらのしがらみが出てくる。そこを丹念にひとつひとつクリアするのも大事な仕事です。

LEDコートを中国ではじめて実現させる

そして、これまで話してきた要素をいろいろ詰め込んだのが、Nikeの「House of Mamba」というプロモーションでした。2014年に中国でインタラクティブLEDバスケットボールコートを作りました。前から作りたくて、いろいろなところでプレゼンしてようやく実現したんです。LEDパネルをコート全面に敷くことで、大げさでなく何でもできるようになる。例えばNBAのオールスターゲームでは、試合前に観客の皆さんとヨガをやったりし

中国のLEDコート（Nike Rise House of Mamba ©Nike 2014）

て、コービー・ブライアントがどんな動きをしているかというドリルを見せたり、子どもが参加できるワークショップでは、NBAの選手たちがどれだけ高く早く動くのかわかることができます。

また選手の腕にLEDの赤外線センサーをつけ、コート上にカメラ6台を設置して選手の動きをトラッキングすることも可能です。これでエデュケーションとエンターテインメントが一緒にできる。これがあれば、たとえば敵チームの動きをトラッキングして分析し、データを積み上げて蓄積できる。また基本的なプレーとアップの動きをプログラミングして、LEDコートに映し出せるようにして、オフェンスやディフェンス時の5人のポジションや走る方向もインプットすれば、「ここにいなければならない」ことが一目でわかるようになる。

実際中国でLEDコートを一般公開すると、会場に入りきれないほどお客さんが訪れました。ウォームアップメニューやストレッチ、シュート練習にフォーメーション練習と、すべてLEDコート主導で展開される。初体験の子どもたちは本当に楽しそうでした。まさにエデュテインメントです。キャンペーンに帯同したコービー・ブライアントも、「小学校から大学まで、いろんな学校にLEDコートが普及するといいね。今の時勢にすごく合っている」と話してくれました。

大きなうねりをつくるためのエンターテインメントとテクノロジー

スポーツを僕なりに因数分解してみました。「アスリートのためなのか」「ファンのためなのか」「ビジネスのためなのか」「エンターテインメントのためなのか」「よりよい世界を創るためなのか」――。僕の中では全て当てはまる。アスリートがより高いレベルでスポーツに取り組むにはファンの存在とマーケットがある程度必要になる。マーケットが生まれることでスポーツがより活性化され、もしかしたら世の中がよくなるかもしれない。人がスポーツに触れる最初の動機が、「このスポーツを見てみたい」とか「スタジアムに行ってみたい」という好奇心。その好奇心をくすぐる上で、エンターテインメントの力が大事だと思っています。

池田さんから「ベイスターズの開幕戦で面白いことをやりたい！」と相談されてから、グラウンドに白馬を走らせたり、グラウンドでプロジェクションマッピングをしたり、さまざまなことをご一緒してきました。ベイスターズの取り組みは、帽子やマグネットを配ったりと最初は小さなものでしたが、やがてそれが多くの人を巻き込み、大きなうねりを生み出した。そのうねりを生み出すにあたって、エンターテインメントの力はすごく大きいし、そのエンターテインメントをより面白く演出する上で、テクノロジーはいろいろと役に立つと僕は思っています。

クロストーク

とにかく一回やってみて、効果を見ればいい

受講生　アイスホッケーのリンクにLEDを組み込むことはできますか？

齋藤　できるんじゃないでしょうか。「House of Mamba」は60㎝角のLEDパネルを使いましたが、リンクだと氷の中にドットのLEDを埋め込めばできると思います。

池田　ひとつ補足しておくと、齋藤さんに「こういうのやりたい！」って相談すると、「できない」っていう答えは返ってこない（笑）。どうにかしてくれる。「空にいっぱいヘリを飛ば

したい」って言ったら、めぐりめぐってパラグライダーを飛ばすことになって。

齋藤　ありましたねえ（笑）。何でもそうですけど、一回やっちゃってみたらいい。そうすればどれほどの効果があるかわかる。一回やってみてPR効果があるのか、集客効果があるのか検証する。野球のBCリーグの方と話したときも、まだ実現はしていませんが「何でもやっていい。ピッチャーの足元にカメラ置いてもらっても構わない」くらいの勢いでした。それくらいのことができれば、スポーツが持っているコンテンツのダイナミズムが変わると思います。

受講生　最近サッカーの日本代表戦をテレビで見ていると、スプリントの回数とかいろいろデータが出てくるんですけど、あまりワクワクしないんです（苦笑）。サッカーをもっとワクワクさせるための仕掛けとかアイデアとかありますか？

齋藤　前にやってほしいと言われたのが、映画の『少林サッカー』みたいに、シュートしたらボールが火を出しながら飛んでいく、という仕掛け（笑）。ああいうのを最初に映して、次に本物のサッカーが始まるという演出を考えました。ただ、これは僕の視点ですけど、サッカーはスタジアムよりテレビで見るほうが面白い。テレビで見るほうが面白いなら、テレビをもっと変えたほうがいいと。選手が10㎞走ってるって言われても、「へえー」じゃないですか。その「へえー」じゃなくするための方策を考えないといけない。

池田　「へえー」じゃなくて「おー！」ってならなきゃダメですよ。盛り上がってるスタジアムからは、「おー！」っていう歓声がたくさん聞こえてくる。僕だったら、スタジアムで良いプレーとかゴールシーンを全部3Dで再現させたいですね。

受講生　今はVRもあります。アスリートのすごさを実体験できる仕組みが何か作れないでしょうか。

齋藤　VR的なものは作れると思いますが、僕はそこはテクノロジーの出番ではないと思っています。どれだけ物理的にスタジアムやアリーナに行けるか。極端な話、カンプノウやハマスタのど真ん中に少年を立たせたら、その子の人生変わると思います。こういう仕事をしながら言うのは変かもしれませんが、現実には勝てない。物理的に経験するのが一番です。

受講生　音楽フェスのようなイベントとスポーツをつなぐアイデアはありますか？

齋藤　エンターテインメントを他のエンターテインメントで固める、一緒にするのはありだと思います。音楽好きな人を野球に連れてくるとか、野球好きを音楽フェスに連れてくるとか、どんどん組み合わせて、コンバインドしていっていいと思います。

池田　フジロックフェスティバルも、結局コンバインドですよね。キャンプが好きな人がいて、音を楽しみたい人がいて、さらに食も楽しめるし。

齋藤　人との出会いもあり、ああいう異空間に身を置いてみたい、という気持ちをうまく利用している感じもします。

池田　スポーツの場合、その競技だけをやっていては盛り上がらない。サッカーのことだけを考えて、サッカーだけ見せているとダメ。選手も「サッカーが僕の仕事です」って、サッカーしかやらない現状がある。サッカーというコンテンツを生かしながら、どうやって地域を巻き込んでいくか、どうやったらスタジアムに来て食事を楽しんでくれるか、どうやったら週末に家族で来てくれるかを考える必要があると思います。

僕の仕事のやり方はドラクエに近い

受講生　プレゼンをする時、相手の決裁者が理解力がないケースでも、実現にこぎつけたことがきっとあるかと思います。プレゼンする時に、何か意識していることはありますか？

齋藤　先方からお話をいただくことが多いのですが、僕から行く時は、「ちょっと変えたらいいのにな」って思う人のところに行きます。あとは、「この人、ぶっ飛んでる」っていう。まさに池田さんがそうですけど、そういう人と一緒にやってみたい。ただし、相手側のステークホルダーが同じプロトコル、共通言語を持ってないと判断したら速攻で引きます（笑）。僕の仕事のやり方はドラクエに近い。例えば、池田さんは僕が知らない魔法を使えて、僕は池田さんが持ってない武器を持ってる。もしかしたら、この場に集まった皆さんの中にも、特殊な魔法や武器を持ってる人がいるかもしれない。そういう人たちが集まって、「一緒に何かやろうぜ！」ってなれば楽しい。そんな瞬間が一生で一回でも起きたらいいなと思いながら仕事してます。

受講生　さきほどのＢＣリーグもそうですが、規模の小さい団体や地方のチームとかでも、ライゾマさんと一緒にお仕事するチャンスはあるのでしょうか。

齋藤　もちろんありますよ！　会社がちょっと大きくなって、ひとつ作った指針が「未来評価」。振り返ってみると初期にやっていたことって先行投資なんです。お金じゃなくて、技術力や知識を先行投資する。だから今でも面白そうなことは絶対にやっておいたほうがいい。そのケーススタディをしっかりつくって、ＷＥＢや動画サイトにアップすると、見た人の反応から次につながっていく。ＢＣリーグさんとは話を進める中で、「試合中にドローン飛ばしていいですか？」って聞いたら、「別にバッターのすぐ上にあっても構いません」って返ってきて。大丈夫か？って自分でも思いました（笑）。タイミングが合わなくてまだ形になっていませんが、是非いつかやりたい。面白いアイデアがあれば、お金の問題は二の次ですね。

受講生　スタジアムに来たライトファンが、本当にそのスポーツが好きなコアファンになるようにするには、どうしたらいいと思いますか？

齋藤　選手と近くなることじゃないですか。僕ね、阪神ファンなんです（笑）。もし、試合が終わって客席に残っていたら目の前に鳥谷選手が現れて「負けちゃってすみません」みたいなことを言われたら、僕、次も必ず球場に来ます。スポーツというコンテンツのコアは選手。そのコンテンツ・コアといかに近くなれるか。これ、AKBと同じブランディングなんですけど。

池田　それ、まさに（試合後の）ハイタッチですね。選手側のファンへの接し方も重要です。例えばサインするにしても、ファンと目も合わさずにサササッと書いて返しては絶対にダメ。一瞬でいいから、ファンの目を見て感謝の気持ちで笑顔を見せる。無愛想な態度は取らない。こんな些細なことひとつで、ファンの印象は変わるものなんです。理由を説明すれば選手は理解してくれるものだし、球団側もそういった選手への〝教育〟をやるべきだと思います。

（2017年7月27日）

Seiichi Saito

1975年神奈川県生まれ。建築デザインをコロンビア大で学び、2000年活動開始、06年ライゾマティクス設立。広告賞多数受賞。六本木アートナイト2015メディアアートディレクターも務める

第8回

岩渕健輔

Kensuke Iwabuchi

(公益財団法人日本ラグビーフットボール協会理事、
Team Japan 2020 男女7人制日本代表総監督)

2019年、そしてその先のラグビーのために

15年W杯「ブライトンの奇跡」は綿密な戦略と準備の勝利だった。
自国開催のW杯に向け、「ブームで終わらせない」ための方策とは

プレゼンテーション

GMとして掲げた「ワールドカップベスト8」は大きな批判を受けた

私は2012年にラグビー日本代表のGMに就任し、ラグビーワールドカップ（以下W杯）2015イングランド大会へ向けて強化を担ってきました。南アフリカを倒した「ブライトンの奇跡」は、みなさんに覚えていただいていると思います。まずはあの大逆転勝利に至る話から始めましょうか。

日本は2011年のニュージーランド大会まで7回全てのW杯に出場し、1度しか勝っていません。1995年の南アフリカ大会ではニュージーランドに17—145で惨敗。そして、そのニュージーランドと同じくらいの強豪国が南アフリカです。W杯優勝経験国で、15年大会での日本戦の賭け率は南アフリカの「1倍」。賭ける意味がない＝絶対に負けないということです。ちなみに日本の優勝オッズは1000倍。それくらいの差がありました。

だから、私がGMになり、19年20年に向けて日本ラグビーの強化が動き出した時も、誰も南アフリカに勝てると信じてはいませんでした。それでも私は「W杯ベスト8」という目標を掲げました。ベスト8進出のためには1大会で3勝する必要がありますが、このとき「できるわけないだろう」という声が協会内で数多く上がりました。これまで日本ラグビーの歴史には、

「負けた時に言い訳をする」ことも残念ながら含まれていました。ただWBCで優勝した侍ジャパンや、サッカーW杯で優勝したなでしこジャパンを見ても、今の日本の方々は世界で勝てるスポーツを応援するのです。そんな中で19年に自国開催のW杯を控えて、待ったなしで結果を出さなければならない。「何も変えない方がリスクになる」と思い、あえて高い目標を掲げました。そして「自分たちが世界一になれる部分を考える」ということで、「①スタッフ」「②強化プログラム」「③トレーニング」「④準備」「⑤マインドセット」という5つの項目を挙げ、「この5つで世界一」を目指すことを決めました。

エディー・ジョーンズを迎え、「非日常」を「日常」に変える

まず①のスタッフ。要となるヘッドコーチをエディー・ジョーンズに任せる際には、いろいろな議論がありました。我々に必要だったのは、結果を重視し選手に厳しく勝利を要求できる指導者です。その点彼はオーストラリア代表を指揮してW杯決勝を経験していますし、選手に対しても非常に厳しく妥協をしないことで有名でした。世界一のスタッフを目指すからには、世界トップの指導者を呼ぶ、ということ。シンプルな選択だったと思います。

ただ、指導者が良くてもそれだけでは勝てない。それにふさわしい②強化プログラムを考えなければなりません。4年に1度のW杯で勝つためには、強い相手との試合経験を数多く積む

2015年エディージャパンが日本中を沸かせた（©赤木真二）

必要があります。そのために、「非日常」を「日常」に変えようとしました。「ヨーロッパの強豪との試合に勝つ」という「非日常」を「日常」に変えて、強化プログラムを作ったのです。

ラグビーは世界的にとても保守的なスポーツで、イングランド、スコットランド、ウェールズ、オーストラリア、ニュージーランドなど伝統国同士でばかり試合をしています。すると他の国はなかなか強くなれない。彼ら伝統国の縄張りもあって、なかなか試合を組めなかったのです。でも日本は２０１５年までに、強豪と言われる国と5試合も試合ができました。

世界一の強さを誇るニュージーランド代表・オールブラックスとの試合（２０１３年11月、秩父宮ラグビー場）は日本協会の主催でしたが、まず相手にマッチフィーを支払っています。協会もこの試合をきちんとした興行にしなければ赤字になる、という強い覚悟で、つまり本気で儲けようとして必死に取り組んだ。結果は発売３分でチケット完売。秩父宮が満員になった。負けはしたものの、試合内容にも見るべきものがあり、自信につながりました。

ただ、強い相手と試合をやるだけで強くなるわけはありません。並行して、日本が抱える強化のマイナス面をプラスに変えていくチャレンジも行いました。我々の強化のマイナス面とは、試合が少ないこと。海外のリーグは年間約30試合ですが、日本の国内リーグはその半分。ただでさえ弱いのに試合数が少なくては勝てるはずがないと言われていました。そこで発想の転換を図りました。国内リーグが短いならばその分、代表チームの活動ができると考えたのです。通常、代表合宿は年間50日くらいですが、日本代表は年間１００日以上、４年間で５００日合宿を行いました。結果として選手とチームの強化を進めることができました。

代表合宿なのに、筋トレから始めた理由

次に③トレーニング。それまで日本のラグビーの長所は「パスがうまい」「組織力が高い」「勤勉」とされていました。でも、実際に国際大会でのプレーを見ると、そうではなかった。パスも上手くはないし、組織力を出す前に粉砕されてしまう……。そこで、すべての源となる体づくり、筋トレから始めることにしました。通常、代表チームで筋トレなどはやりません。

主将リーチ・マイケル（左）にも注目が集まった（©桃園文生）

ただ、我々は4年間で500日の合宿をやると決めたので、体づくりを一からやり直すことができました。早朝から始めて一日3回のトレーニングの繰り返し。選手にとってはキツい練習です。「やっていられない」と普通はなるところですが、それでも選手は続けられた。なぜかといえば、それぞれが自分の変化、成果を実感できたからです。2012年にスタートした時の写真と、1年後の写真を比べれば、選手の肉体が劇的に変わったことがわかります。これだけ変わるなら、もっと変わりたい、という気持ちになります。

④準備という面でも、ずいぶん変わりました。W杯の組み合わせが決まった時点から、相手選手の特徴をタブレットを活用し、選手の頭の中に落とし込みました。相手だけではありません。特徴的だったのは審判の分析を徹底したこと。ラグビ

ーは他競技と比べて審判の判定の幅が広い。南アフリカ戦で笛を吹く審判を直前のテストマッチに招聘し、実際に試合で吹いてもらいました。どんな時に笛を吹くか、その傾向があらかじめわかっていたのは大きかったと思います。

そして最後は⑤マインドセット。日本はW杯で1度しか勝ったことがないので、どんなに準備をしても100%の自信は持てません。そんな中でグラウンドでの拠り所になるものとして、私たちは「代表らしさ」「アイデンティティ」を重視しました。選手たちが始めた儀式があります。全員に1つずつジグソーパズルのピースを配り、戦う心構えができた選手がそれを埋めていく。そして最後にジャパンウェイの文字が出来上がる。チームが一つになり、モチベーションを上げていく儀式です。また、リーダーの存在も重要でした。エディーはチームの決め事を大事にする人でしたが、ルールを守っているだけではいいチームにはなれません。ラグビーはヘッドコーチがベンチに入れないので、グラウンドにいるリーダーの判断が重要となります。

南アフリカ戦でもキャプテンのリーチ・マイケルのリーダーシップが生きました。勝負を決めた80分すぎのシーン。3点ビハインドでの相手反則でペナルティを得ましたが、ボールが外に出れば負け。ペナルティゴールなら3点で同点。チームはトライを取りに行くためにスクラムを選択し、実際にトライを奪って逆転勝利を収めました。あのときエディーは「ペナルティキックを狙え」とウォーターボーイ（ピッチサイドの給水係）経由で選手に伝えています。ところが選手はそれを無視してトライを狙いに行った。これには伏線がありました。国際大会の試合の日の朝、私とエディーは必ずミーティングをするのですが、南アフリカ戦の時だけは「いつものミーティングは前日の夜にやって、試合当日の朝はリーチと話をしたい」とエディーが言ってきた。だから、南アフリカ戦の後に「朝、リーチと何を話したのか」と訊ねたら、「最後の判断はお前に任せると言った」と。本当かどうかはわからないけれど（笑）、実際にリーチは最後の判断を任され、あの決断をしたわけです。

結局、この勝利の後スコットランドに負け、アメリカとサモアには勝ちましたが、勝ち点の差でベスト8には進めませんでした。ただ日本代表がW杯で3勝するまでにはこのような積み重ねがあったことを、知っておいてほしいと思います。

誰が指揮をとっても、代表が強くあり続けられるシステムを

これは余談ですが、W杯後、いろいろな方に「なぜエディーを続投させないのか」と言われました。ただ、エディーはW杯前に辞任を発表していました。彼は妥協せず激しく選手を鍛えましたが、その分チームも、スタッフも、エディー自身も疲弊しました。それくらいやらないと、ああいう結果は出なかったのだろうと思います。

ただ、今一番大事なのは自国開催のW杯、そして東京オリンピック後にどうなっていくか。

こんなチャンスはこの先、二度とありません。我々の予算はイングランドなどと比べるとかなり少ないので、誰が指導者としてやってきても、恒常的に世界と戦っていけるシステム、代表がずっと強くいられるシステムを作ることが大切です。世界最高峰のリーグ、スーパーラグビーにサンウルブズがプロチームとして参戦したこともその一つです。サンウルブズがスタートした一番の理由は、なかなかいい国際試合が組めない中で、世界トップとの試合を何試合も経験することができるからです。今後、サンウルブズと共にスーパーラグビーに入っていくチームが２つ３つできれば、トップリーグの選手たちが世界トップと戦えて、もっとレベルが上がる。ただそうなると、トップリーグの存在意義も問題となってくる。トップリーグが世界でもトップリーグであるために、そのあたりの整理、決断も必要になってくるでしょう。

課題はまだまだありますが、２０２０年までの残りの期間は本当に大切です。２０５０年、日本の公園に野球のボールやサッカーボールと共にラグビーボールも転がっているような状況を作れるかどうか。これが最後のチャンスだと思っています。

クロストーク

2015年は「あのメンバーの、あのチーム」が3勝しただけ

池田　なぜ岩渕さんは今、7人制男女の総監督になられたんですか?

岩渕　2015年W杯で結果が出ていい流れになった反面、翌年のリオ五輪では世界4位とW杯より好成績だったのに、他競技のメダルラッシュもあり話題になりませんでした。となると、もし2019年に15人制が結果を出しても、翌年の東京オリンピックで7人制がメダルを獲れなければ同じ事の繰り返しになってしまう、それではダメだと考えたんです。だから私は7人制に専念し、15人制は薫田強化委員長とジェイミー・ジョセフが見ることになりました。

池田　現在の15人制日本代表チームは、なかなか結果が出ていませんね。

岩渕　これは私も含めて、ラグビー界全体が勘違いしてはいけないことですが、あのW杯で日本のラグビーが強くなったわけじゃないんです。「あのメンバーの、あのチーム」が3回勝っただけなんです。今の実力はだいたい世界で11位、12位くらい。そこを認識して、真摯に強化を続けなければなりません。サンウルブズだって1、2年目はほとんど勝てていない。15年W杯を経て強豪国の仲間入りを果たしたわけではまったくないのです。

池田　そういう観点からすれば、オリンピックが終わった2020年以降が大事になって

くると思うんですが、いったい何が鍵になってくるのでしょうか。

岩渕　今は世界の強豪国が日本に試合をしに来てくれます。W杯と五輪があるからです。でもそれは日本と試合がしたいのではなく、日本で試合がしたいから。もし19年に結果が出ず強いチームが作れなかったら、どの国も日本に来る理由なんてなくなります。だから2020年以降も強豪国が日本と試合をする仕組みを作ることが必要です。たとえば南半球の対抗戦グループに入るとか。そうすればニュージーランドと自動的に毎年、試合ができますから。

池田　これから日本のトップリーグはどういう位置付けで考えればいいのでしょう。

岩渕　川淵三郎さんが以前「Jリーグのレベルが上がったので、W杯にはいつも出られるようになった。だけど、W杯で結果を出そうとすると、Jリーグのレベルでは十分ではない」とおっしゃっていました。ラグビーも全く一緒で、トップリーグのレベルというのは海外トップレベルとは差があり、興行的にも成り立っていない。それなのに多くの選手が雇用されている現実があり、そこに大学、高校も繋がっている。ラグビーをする者にとってはある意味ハッピーな、このピラミッド構造をどのように変えていけばいい未来があるのか。サンウルブズとの関係もありますよね。難しいところです。

『スクール・ウォーズ』に続くものを

池田　昔と比べて、今のラグビー界は一般層への接点が少ないように思います。

岩渕　そうですね。昔はラグビーを知るきっかけがいくつかありました。ファッション的にはラガーシャツだったり、お正月の大学ラグビーももっと注目が集まっていました。代表が勝ってメディアに取り上げてもらうのも大切ですが、2015年の後は続きませんでしたし。

池田　ラグビーそのものの仕組みというより、接点、ビジネスの問題だと思うんですよね。ラグビー好きは国際大会で勝ったら喜ぶけど、その先が広がらないんじゃないかなと思って。

岩渕　仕事でアマチュアの指導者と話しますが、「強化については一生懸命手伝うよ。でも部員はもう増えない」と言うわけです。中学、高校でも勧誘するんですけど、ラグビーというものを説明できるアイコンがない、とおっしゃるんです。ドラマであるとか、漫画であるとか。

池田　僕の場合は『スクール・ウォーズ』でした。やはりああいうものが生まれてこないと広がっていかない。今のラグビー界はそういうものを生み出せる人を雇ったほうがいい。

受講生　タグラグビー（コンタクトを排除したラグビー）は競技人口増加の鍵になりますか。

岩渕　タグラグビーが小学校の指導要領に入り、グラウンドにラグビーボールがある状況が生まれました。小学生の競技人口は増えているんです。ただ、中学になると減る。中学では部活を必ずやらせる学校が多いのに、ラグビー部が少ないからです。ラグビースクールはありますが、部活が優先されますからね。中学の部活をどう変えるかが、競技人口としては課題です。また、かつては多かった大学のサークルなども少なくなっていて、大人もやらなくなってきている。そこも課題です。

池田　ベイスターズの社長になった時、周りの人から野球人口が減っていると聞いていたので、これは危ない、と思っていました。人口が減って、テレビ放映もなくなって……。でも野球は今も根強い人気があります。だから、ラグビーでもそういうことができるはずです。まず、プロチームとしてサンウルブズが出てくることがきっかけの一つになる。そして国際大会での日本代表の結果がついてきて、一般層との接点がどれだけ増えるか。一般層に価値のある情報を沢山作ればいい。メディア側の問題ではなく、ラグビー側のみなさんが「伝えたい！」と思っているかどうか。ラグビーの世界を超えて、一般社会に伝えていきたいかどうか。一般に認知してもらえるように、認識の差を埋めていきたいですね。

（２０１７年８月30日）

Kensuke Iwabuchi

１９７５年東京都生まれ。青山学院大２年で日本代表に選出。神戸製鋼、ケンブリッジ大学を経て英サラセンズとプロ契約。２００９年協会に入り、12年代表ＧＭ、17年より男女７人制総監督を務める

第9回

上野裕一

Yuichi Ueno

（一般社団法人ジャパンエスアール会長）

サンウルブズ、スーパーラグビー参入までの道

選手や指導者の確保、困難を極めた交渉――「世界最強リーグ」への参戦は、日本ラグビーの未来の鍵を握る一大プロジェクトだった

プレゼンテーション

すべてが準備されていると思っていた

サンウルブズはスーパーラグビー参戦（以下SR）2年目を迎えた2017年シーズン、「RISE AS ONE」というチームスローガンを掲げて戦いました。16年に立ち上がったサンウルブズの初年度の成績は1勝13敗1分け。ここまで負けが多くなると、ロッカールームも静まり返ります。選手も沈み込み、泣いているのか悔しがっているのか、それすらわからない。監督が何を言っても言葉が届かない。そんな1年を過ごした上での新しいスローガンです。

くたくたになりながら世界中を10万㎞飛び回り、試合をやるたびに負ける。90点も取られたら次の日、気持ちはグチャグチャです。そんな時でも、もう一度みんなで一つになって立ち上がって戦おう。だから「RISE AS ONE」なのです。

誤解を恐れずに言うと、もともとサンウルブズは〝愛されない〟存在です。日本ラグビーの基盤であり、日本の大企業に支えられてきたトップリーグを踏み台にするようなチャレンジですから。保守的な方からすれば、まったく賛成できないプロジェクトです。そういう背景を含めて、今日はサンウルブズの紆余曲折のストーリーをお話ししていきたいと思います。

まず、SR参入の経緯について。そもそもSRとは、基本的には南半球のラグビー強豪国で

スーパーラグビー参戦3年目、真価が問われるサンウルブズ

編成されたリーグです。15年のW杯でもベスト4はすべて南半球の国々。つまりこのリーグに参加できれば世界最高峰のラグビーと日常的に戦える。2019年にW杯を開催する日本の強化策を考えたときに一番に出たのがSR参入でした。

僕と岩渕健輔さん（第8回講師）は2014年の12月24日に日本ラグビーフットボール協会（以下JRFU）の矢部達三副会長に呼び出され、「SRに参戦したい。手を貸してくれないか」と頼まれます。おそらく海外との接点が比較的多かったから、僕たちに声がかかったのでしょう。「ステークホルダーは揃っているし代表の強化費も使える。エディー・ジョーンズがディレクターで協会のスタッフも使える。トップリーグの協力も得られるし、選手も日本代表と同じ条件で契約できる」と言われました。つまり「準備はできているから、何もしなくていいから来なさい」ということだったんです。それがまあ、蓋を開けてみたら何もありませんでした。

SRを運営するのは、シドニーに本部があるサンザー（SANZAAR／南アフリカ共和国［SA］、ニュージーランド［NZ］、アルゼンチン［A］、オーストラリア［AR］の合弁事業体）です。15年3月に一般社団法人を作り、最初は3、4人のチームで彼らとの交渉を始めました。コミュニケーションはすべて英語、毎日のように難しい折衝が続きました。

ここからはキーとなった3つの日付にそって交渉過程を紹介します。

まず最初は、2015年6月30日。我々はサンザーからこの日までにいくつか条件をクリアすることを求められていました。1つ目は、選手の質と量の担保。SRに参入できても、毎試合大量点差で負けていたらリーグの質が低下してしまう。そこで、チームのコアとなる選手については「マーキープレイヤー」と呼ばれる世界の一流選手を獲得してコンペティティブなチームを作りなさい、ということです。しかしそうした選手はコストがかかる。結局のところ、獲得しませんでした。この要求の裏側には、サンザー側の「南半球のチームであぶれた、ハイレベルで値段も高い選手を日本へ売りつけたい」意図がありました。またわれわれが選手と契約するためには、日本代表選手であっても国際ラグビー選手協会（以下IRPA）と交渉しなければなりませんでした。この時期の日本代表選手は、エディー・ジョーンズ監督に厳しいトレーニングを課されていたこともあり、多くがIRPAに登録してしまっていたからです。日本のチームなのに代表選手にすらタッチできない。これも実は、ＩＲＰＡの裏側にニュージーランドやオーストラリアのお偉いさんたちがいたからでした。

他の2つの条件を達成するのも大変困難でした。スーパーラグビーの参戦チームを見れば、興行的にはオーストラリアやニュージーランドのチームとなら試合をやりやすい。しかし我々は南アフリカのカンファレンスに入ってしまった。南アフリカとしては日本を同じカンファレンスに入れてあげてもいいが、何度も日本まで行って試合をするのは嫌だと。そこでシンガポールでも試合をすることになってしまった。

そしてもう一つは、ＪＲＦＵの財務保証です。当時のＪＲＦＵは財務的に厳しかったので、お金のかかるサンウルブズを今やる必要があるのか、という意見の方が多かったですね。

さらにいえば、「監督を決める」という条件もありました。これについては、エディー・ジョーンズがサンウルブズのディレクターを引き受けてくれたこともあり、監督の決定は先延ばしにすることが許容されました。また「チームが勝つためのハイパフォーマンスプランを策定する」という条件もそう難しくはなかった。選手は40名のうち、最初はたった2名しか集まらなかった。でも指導者を確保でき、ハイパフォーマンスプランも認められ、シンガポールとの交渉も進むと、ＪＲＦＵもなんとか受け入れてくれました。まだすべての条件をクリアできたわけではありませんでしたが、なんとか次の交渉ステージへ進むことができたのです。

青天の霹靂だったエディー・ジョーンズの辞任

次のポイントとなった日付はその年の8月31日です。それまでに未解決だった4条件をクリアする期限でした。ところが8月24日、エディー・ジョーンズがディレクターを辞めることが決定しました。南アフリカのストーマーズで指揮を執ると表明したんです。つまり、みんなの安心を支えていたエディーという後ろ盾がなくなった。交渉相手は誰もが、彼がいれば少なくともチームはできると考えていたはずです。これには本当に困りました。

そんな状況でしたが、選手は徐々に集まってきました。プロではない選手たちが何人かサインしてくれました。外国人選手も契約してくれることになった。IRPAが「勝手に交渉するな」と再び釘を刺してきましたが、もうリミットは間近。最終的にはIRPAを無視して直接選手との交渉をはじめ、30名ほどのサインをもらうことができました。一方で、トップリーグの多くのチームには、僕が流通経済大の監督をする前、日体大でヘッドコーチをやっていた頃の教え子がいました。彼らに大きな協力を得ることができたのです。

人材面で選手以上に苦労したのは指導者とスタッフの確保です。実は当時、世界的な名将でパナソニックワイルドナイツを率いていたロビー・ディーンズさんを口説いていました。しかし、もはや泥舟になりかけていたサンウルブズに乗ってくれる指導者は誰もいない。

厳密には8月31日の24時が、4条件クリアの期限でした。しかし、期限まであと45分になってもサインしてくれる指導者は見つからなかった。でも提出しないわけにはいかない。狭くて汚いオフィスで頭を抱えていたわけですが、サインできるのは僕しかいない。最後の最後、苦し紛れで、指導者（ヘッドコーチ）欄に僕のサインを入れたレターを送ってしまいました。

ところが、どういうわけだか、それが理事会を通ってしまった。これでなんとか時間的な猶予を手に入れて、マーク・ハメットをヘッドコーチに選ぶことができました。

そしてその20日後、困難の真っ只中にあったわたしたちにカミカゼが吹きます。15年9月19日。ブライトンの奇跡です。ラグビーW杯南アフリカ戦での日本の勝利が、プロジェクトの強力な追い風となり、流れは大きく変わり、なんとかSRへの参入を果たすことができたのです。

2年目で観客減少、課題は収益構造の構築

ようやく参入を果たしたSRですが、もちろんいくつも課題を抱えています。

そのひとつが収益向上です。16年は収入約10億円、支出約10億円。トントンで終わりました。当初の予算では2億円の赤字予想でした。サンザーの他のチームは放映権収入を得ていますが、我々にはありません。そういう条件で参入していますから。「まあ入れてやるから、あとは自分たちで稼ぎなさい」ということですね。ちなみにオーストラリア協会の2016〜2020

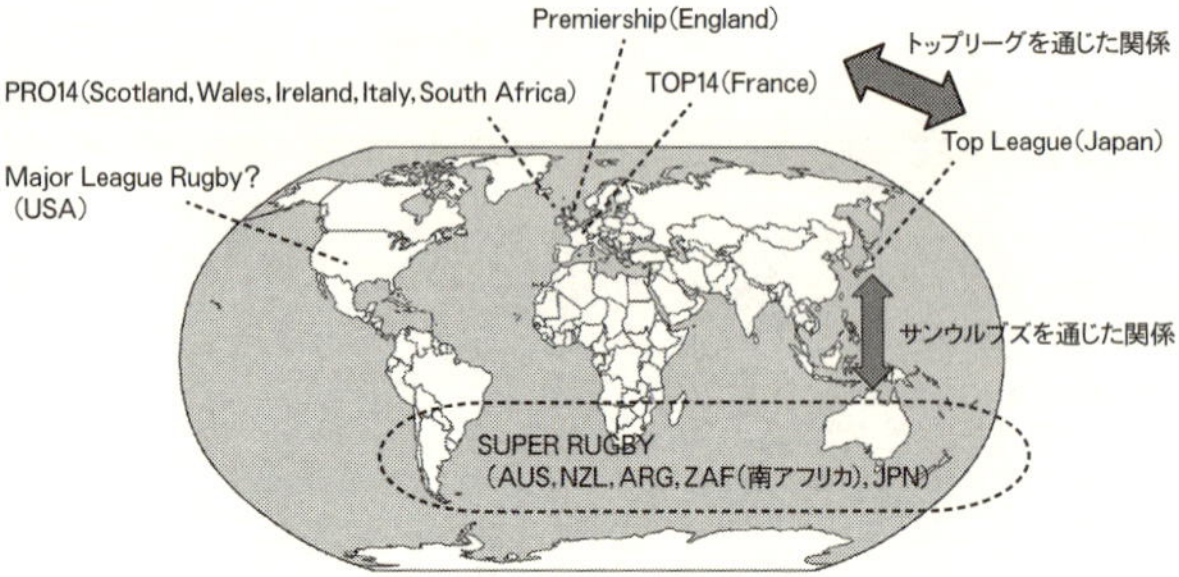

世界のラグビー未来予想図。欧州、南半球共にアプローチしたい

年の放映権収入は約２５０億円です。

そういう予算だったものが、なぜ赤字にならなかったかと言いますと、アベレージで約１万７０００人も入ってくれたお客さんの力があったからです。１年目の平均観客動員数は、日本代表の試合で約１万１０００人。トップリーグの約５０００人という数字を大きく上回ったのです。

ところが、２０１７年は観客動員数が約２割も減ってしまいました。２０１６年は８試合のうちの５試合が日本開催、２０１７年は７試合のうちの４試合と、試合数が減ったうえに、試合でも勝てなかった。シンガポール開催の試合は、それ以上に苦戦しています。そこで我々もサンザーと粘り強く交渉を続けて、なんとか来季からオーストラリアカンファレンスに移動することになりました。これは観客動員の面でも大きな効果が見込めます。というのも、オーストラリアは約４万人と在留人口が多いので、ここを狙えるからです。また日本時間の深夜早朝の時間帯の試合数が減るのも大きな利点となります。

我々はもちろん2019年のラグビーW杯に向けた強化を重視していますが、本来的に考えなくてはいけないのは2020年以降のことだと思います。

たとえば、これはサンウルブズとは別の話も含まれますが……。2020年以降のラグビー界では、テストマッチのウインドウマンスが7月、11月に変わります。そのタイミングをどう発展につなげるのか。たとえばトップリーグの優勝チームや選抜チームが、1、2月にシーズンを終えた後、フランスのトップ14やイングランドのプレミアシップのチームとカップ戦をしてもいいと思います。SRやW杯で世界のトップのラグビーを見てしまうと、やはりトップリーグも国内の戦いだけではファンが満足できなくなってくる。トップリーグそのものを世界とつなげる方法を模索すべきです。これについては、フランスのトップ14も前向きな姿勢を見せています。

クロストーク

秩父宮という「聖地」をどう整備していくか

受講生　SR参入にあたって交渉が厳しかったのは、日本ラグビーのプレゼンスが不足しているからだと思います。交渉力を高めるためにも、例えばアジアの国々と連携を深め、アジア全体でプレゼンスを高めていくような方法は可能性があるのでしょうか。

上野　一連の交渉に関しては内憂外患でした。外患は実は与し易くて、内憂のほうが厄介。外の交渉相手とは戦いますが、仲間になることもできる。簡単にいえば、サンザーのトップと酒を飲んで友達になる。僕がこのポストに選ばれているのも、単純にそういう交渉に長けているからです。でも、身内に見えないところでいろいろやられると苦労します。それからアジアでの共闘は、正直にいえば、今のラグビー界において交渉の役には立ちませんね。

受講生　スーパーラグビー参入2年目、3年目に向けて、観客動員数回復のために、他にどのような仕掛けを考えているのですか？

上野　この先は、池田さんがベイスターズでやってきたような経営の部分が大事になってくる。会社の中で新しいプロジェクトを立ち上げ、アイデアを募っています。渡瀬裕司が新たにCEOとなったのは、そういう面で長けているからです（編集部注：この講義が行われた当時、池田氏はまだサンウルブズCBOに就任していなかった）。

受講生　トップリーグのチームには欧州のチームと試合をする意義はありますが、明らかにレベルの高い向こうのチームはいったいどんな意義を感じるのでしょうか。

上野　双方に大きなメリットがあります。トップリーグに所属しているのは大きな会社のチームばかり。対してフランスはシャトーのオーナーがチームを持っていたりする。会社の威信をかけて、組織的に運営されている日本のチームも馬鹿にできません。サンウルブズは代表強化のためのチームですが、春先のシーズンは必ずしもそのメンバーが出るわけではないので、例えばトヨタがそういう選手を雇ってヨーロッパで戦えばいい。そういうチームがフランスのトップと真剣勝負をすれば面白い。ワールドカップを見た翌年にドメスティックな試合だけで満足できるはずがないんです。ファンは世界で勝つ日本を見たいわけですから。

受講生　学生のアイスホッケーに携わっていますが、アイスホッケーのアジアリーグは、国際試合なのにお客さんを集められていません。ラグビーではそういう不安はありませんか？

上野　ラグビーは東京の真ん中で試合をやれることが大きいですね。秩父宮という世界一のロケーションが最大のストロングポイントです。ただ競技場そのものは大きな問題を抱えているので、これからの課題です。アイスホッケーも開催場所は大きなポイントではないでしょうか。ハバロフスクでやっても人は来られないでしょう。だったら、ハバロフスク観光とアイスホッケーの試合とセットで考えてみては？　試合と試合の間に、その街で楽しめるようなパックを考える。その意味で、日本にはたくさんの強みがあると思います。

池田　僕もラグビーの最大の強みは秩父宮だと思うので、まずは整備して、そこへいろんなビジョンを載せていけると、ラグビーの世界が変わると思っています。

受講生　レベルの高いパフォーマンスが事業の推進力になるという考え方は、池田さんの経営手法の逆ではないかと思いましたが、池田さんはどうお考えでしょうか。

池田　逆ではなくて、置いているポイントがチームか経営かの違いだけです。前提として、チームが強いというのは当たり前です。たとえば野球の場合、プロ野球は世界レベルに近い。BリーグはNBAとは差があるけど、サンウルブズは世界のトップと戦えるステージにある。僕は経営者ですから、そこのコントロールは僕よりできる人に任せるべきだと考えます。僕がコントロールすべきは経営面だとか、人気を上げたり面白さを作ったりする部分。単純に楽しい方が人は来ますからね。スタジアムに来る理由がゲームだけだと、ラグビーに詳しい人しか来てくれない。もちろん本物のラグビーは必要です。考え方は逆でもなんでもなくて、置いているポイントがチームなのか経営なのか、という発端の違いに過ぎないと思いますよ。

上野　チームのパフォーマンスとスタジアム整備も含めた経営は両輪だと思うんです。やっぱりお金があればパフォーマンスは高くなる。高校や大学のスポーツも同じで、お金がある私立の学校がラグビー強化に注力すれば、そこそこ強くなります。そういう力が大きくなればチームは強くなるし、チームが強くなれば興行も大きくなる。僕は池田さんのような立場を経験したことがないので、これが初めての経験です。自分に経験や能力がないからこういった人材を雇うわけです。やはり両輪でやってきたし、これからも両輪で頑張っていきたいですね。

第９回　上野裕一

（２０１７年８月９日）

Yuichi Ueno

１９６１年山梨県生まれ。日体大、同大学院卒。オタゴ大学客員研究員を経て流通経済大教授。ＲＷＣ２０１９組織委員会理事などを歴任し16年現職に。17年11月にはアジアラグビー協会副会長に就任

第10回

ジム・スモール

Jim Small

（MLB JAPANヴァイスプレジデント
アジアパシフィック）

MLBのアジア戦略とWBC

アメリカのスポーツビジネスの中心であるメジャーリーグ・ベースボール。アジア戦略の視線は野球後進国・中国に向けられている

プレゼンテーション

人々のスポーツへの情熱を引き出し、夢に生きる

今日はMLBアジアを代表して、これまで私たちがアジアでどのような活動をしているのかを話そうと思いますが、はじめにスポーツに対する情熱について触れたいと思います。

ここに2枚の写真があります（次頁）。一枚は、2009年の3月24日に韓国のソウルで撮影された写真です。もう一枚は、同じ日に東京で撮られたもの。この日に何があったか分かりますか？　そう、第2回WBCの決勝です。大切なものを失った瞬間の韓国人女性の表情。かたや右側の日本人女性はこれ以上ない幸せを感じている。普段、顔にペイントはしませんよね？　声がかすれるほど絶叫することもない。普段の生活では絶対に味わえない感動を生むこと。これこそがスポーツの素晴らしさ、美しさであり、ビジネス面でのスポーツの優位性です。他にこれほど優位性があるのは音楽ビジネスくらいかもしれません。だからこそスポーツマーケターとして、我々の商品であるスポーツへの人々の情熱を引き出し、彼らがお金を使うことで情熱を表現できるようにつなげていく。これがスポーツマーケティングだと思います。

本題に入る前に、少しMLBアジアの概要をご紹介します。私は全アジア・太平洋の地域を担当しています。オフィスは東京と北京にあって、他にも中国には無錫と南京、常州にディベ

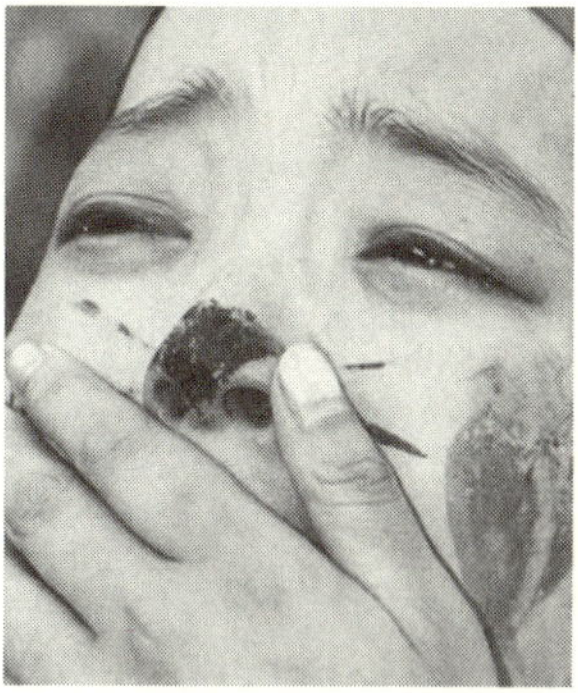
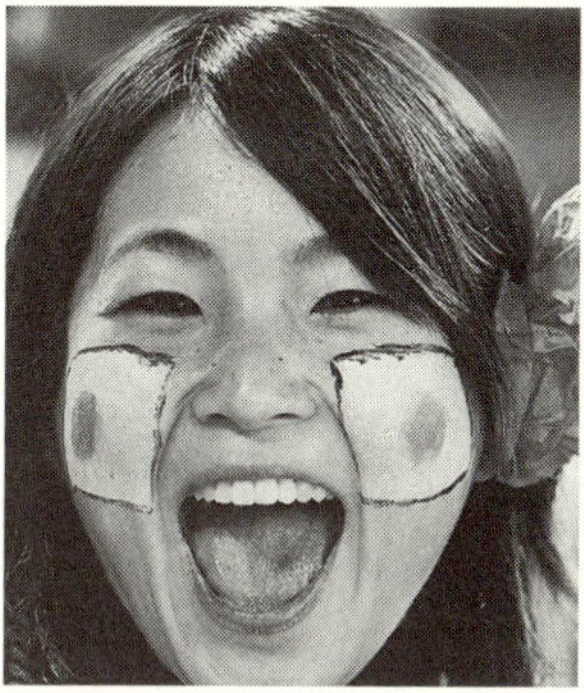
第2回WBC決勝は延長の末日本が韓国を下し連覇を果たした

ロップメントセンター（アカデミー）があります。主要市場としている地域は日本、韓国、台湾、中国、オーストラリアや東南アジア。さらにはインドでも交渉を始めました。

それではまず、私たちの2つの指針について説明します。

1つ目が［Live the dream（夢に生きる）］です。他の地域にも当てはまりますが、特に日本にぴったりの言葉です。私たちはこれまで15年、日本の方々のMLBに対する意識を調査していますが、一貫して出てくるのが「メジャーリーグとは夢、憧れなんだ」という言葉です。そう見てくださることで、私たちはブランドとしてハイエンドなポジションにあります。自動車で言えばレクサスのような、プレミアムなものとなっています。

2つ目の指針が、［You can't have a business if you don't have a sport（スポーツがなければビジネスも始ま

らない)」。スポーツ、野球への情熱こそが原動力です。特に日本における野球は文化全体の中でも重要な役割を果たしてきました。だからこそNPB(日本野球機構)のみならず高校野球、アマチュア野球も私たちの重要なパートナーです。日本の子どもがNPBやアマチュア野球を観ることでMLBが得られるものもある。私どもは彼らと協力しなければ成功できません。

メディア戦略とスポンサーシップについて

私たちのアジアでの主要ビジネスはメディアが中心です。アメリカ、カナダでは毎日のように試合があり、MLBに触れ交流する機会がありますが、日本にはありません。アジア地域にとってMLBはテレビやタブレット、パソコン、スマホの中の存在です。ですからテレビ局をはじめ、放送局やデジタル配信サービスとのパートナーシップが重要となります。現在はアジア25カ国で、20件以上の契約があります。地上波、ペイTV、デジタルプラットフォームなどです。日本ではテレビ6局、インターネット動画配信サービスなどOTTメディアとの契約もある。今現在、私たちの事業の中で最も売り上げがあるのは、これらメディアとの連携です。

今、私が最も楽しみにしているのが中国です。中国教育電視台(CETV)という教育テレビ局と契約し、中国の小、中、高、大学、すべての学校でMLBが見られるようになりました。ここ10年、私たちは10億人以上の人々がメジャーの試合やハイライト番組を視聴しています。

先端技術を駆使すれば世界各地域に対応した広告が表示できる

中国にかなりの資金を投入してきました。いちから野球文化を構築する必要があるからです。私たちは中国に日本と同じような野球大国に、できれば短期間でなってほしいと考えています。

そして売り上げという面で２つ目に大切なのがスポンサーシップです。私どものスポンサーシップの定義は、２つのロゴを組み合わせることです。たとえばＭＬＢのある日本人選手Ａが登場する飲料メーカーの広告の場合は、ＭＬＢのエンブレムと選手の所属チームのユニフォームとのコンビネーションです。ただしＭＬＢとＮＰＢとでは異なる取り決めがあります。Ａ選手は自身の顔や名前、肖像権に関しては自分で広告契約ができる。でもそこでもし所属チームのユニフォームを着るということになれば、ＭＬＢがユニフォームに関する肖像契約を交わすのです。

また中継映像におけるスタジアム広告も特徴的です。前頁の画像は数年前のオールスターゲームで撮られたものですが、打者の背後に映るヨドバシカメラのロゴはバーチャルCGアド（広告）です。東京ではこう映っていても、ニューヨークのテレビ映像は、その部分がバドワイザーのロゴになっているかもしれません。この分野は今後も拡大していくと考えています。

MLBカップとMLBドリームカップ

続いてイベントについて。これまでメジャーの開幕戦を東京で4回、シドニーでも1回開催しました。他にも日米野球、中国、台湾での親善試合など、さまざま実施しています。アジアでのゲームを行うことで、生身のブランドに触れる機会が生まれます。開催メリットは十二分にあり、ライセンスやスポンサーシップの需要も高まり、視聴率も上がります。

また最近では、アジア各地で草の根の活動、トーナメントを開催しています。みなさんが私たちの持つ情熱を感じ、体験し、野球への情熱を表現する場を作っています。

例えば小学4、5年生を対象としたMLBカップという全国大会を、2年連続で開催しました。この大会では地域予選を勝ち抜き本大会に出場すると、元MLBの選手たちと触れ合う機会が用意されています。これは、MLBカップでなければできないことです。

また私たちは、草野球にも注目しています。大人の野球がここまできちんと組織化されている国は世界でも日本だけです。そこでＭＬＢドリームカップという大会を開催しています。１万６０００人もの方々が参加する草野球の全国大会ですが、ほとんどのチームがメジャーのユニフォームを着て参加できる。自分がメジャーリーガーになった気分を味わえるのです。ここでも決勝大会で元メジャーリーガーと触れ合う機会が用意されています。

ＷＢＣはグローバルなスポーツイベントに成長した

続いて、私たちの使命についてお話しします。ＭＬＢは、地元で育ったメジャーリーガーの人気を活用してスポンサーシップ、パートナーシップ、ライセンス、イベントの拡大を目指しています。アジアは世界で最も人口の多い地域です。そこをターゲットにしていきます。つまり日本人選手がアメリカでプレーすれば、ＭＬＢのビジネスも伸びるわけです。60年代半ばに村上雅則さんがサンフランシスコ・ジャイアンツでプレーした時や、95年に野茂英雄さんが来た時、01年にイチロー選手が登場した際にも、ＭＬＢの人気が高まりました。ですから、中国についても、いずれはメジャーでプレーできる中国人選手を育てたいと思いますし、日本でも次の松井秀喜、田中将大、ダルビッシュ有、そして大谷翔平が現れてほしいと考えています。

最後に、ワールド・ベースボール・クラシック、略してＷＢＣについて。ＷＢＣはＭＬＢと選手会が共同で運営しています。私は99年にニューヨークで立ち上げに関わりました。事業計画を提出したのが99年で実際に第1回大会が開かれたのが06年。時間がかかりました。

まず大切なのは、アメリカの球団オーナーたちを説得することでした。キャンプ中に選手たちがアメリカを離れて、誰も聞いたこともやったこともない大会でプレーする。ケガのリスクもある中で、オーナーたちをどう説得するかがポイントでした。心強かったのが、当時のMLBコミッショナーであるバド・セリグさんの存在です。彼はWBCに対するビジョンを持っていると同時に、説得するスキルにも優れていました。だからこそオーナーたちに「素晴らしいアイデアだ」と思わせることができました。

次に大切だったのが、実はNPBの説得です。正直にいえば、この作業がかなり大変でした。今では誰に聞いても賛成すると思いますが、当時は疑いの目でしか見られませんでした。「なぜメジャーリーグがWBCをやるんだ」と。この疑問に対する答えは「我々にしかできないから」だと思います。メジャーリーグの選手を大会に参加させるには、メジャーリーグとして大会を運営するしかない。だからこそ「信じてください」と言うしかありませんでした。「やれば必ず野球界のためにも、NPBにとっても、MLBにとっても良いことになるから」と。

日本代表は06年、09年と大会連覇を果たしました。おかげさまでWBCは成功したと思いますし、グローバルなスポーツイベントとしても最高クラスのものになりました。

クロストーク

中国にとってベースボールはアジアンスポーツだ

池田　WBCでメジャーリーグのオーナーたちを説得できたのはなぜですか？　野球振興でしょうか。ビジネスの拡大を訴えたのでしょうか。

ジム　今なら多くのオーナーは「最後はMLBを信じて賛成したんだ」と言うでしょう。2017年の大会で、売り上げは過去最高となりました。ただし、その金額は第1回大会に比べて6割増で、各チームに入る利益は非常に少なく、ルーキーのリリーフ投手の年俸ぐらい。このことからも、オーナーを説得できた理由が、お金ではないことが分かると思います。当初はセリグさんへの信頼感から始まったWBCがここまで続いた理由は、オーナー視点で考えればやはり「MLBの責任だから」ということになる。MLBの一員として、野球というものをグローバルな存在としてしっかり作っていくという責任を共有しているのだと思います。

池田　予選に出ている国では、テレビ中継もされているのですか？

ジム　場所によって事情は変わるのですが、オーストラリアのシドニーで開催された予選は、オーストラリアやニュージーランドのESPNで放映されていますし、台湾やフィリピンなどでも視聴されていました。中でもやはり中国が一番のビッグマーケットですね。

池田　ちなみに中国での放映権料は？

ジム　金額は申し上げられませんが、もう少し説明すればご理解いただけると思います。私はよく、中国を「最大市場」と言いますが、それは人口ベースで最大という意味です。金額ベースではまだまだ最大ではない。それでも私たちが中国の状況を楽観視する理由のひとつは、中国にとって野球はアメリカンスポーツではなくアジアンスポーツだからです。WBCで日本が2度も優勝し、韓国も準優勝している。ならば中国の人々は自分たちならもっとできるし、中国は強くなければならないと思う。また歴史を紐解くと、中国では日本よりも早く1800年代に野球が楽しまれていて、レベルも高かったそうです。ところが文化大革命の際に、毛沢東主席が何を考えたのか、野球を排除してしまった歴史があります。

私どもが投資を開始したのが01年ですから、それ以降の成長は本当に素晴らしい。現時点で、私たちが稼いだ額よりも、私たちが投資した額の方が大きいのは事実です。それでも、いずれは投資額よりも利益のほうが上になると思っています。

魅力的な市場・インドにもアプローチしているが……

池田　別の競技、たとえばサッカーのことはどう見ていますか？　アメリカのメジャーリーグサッカー（ＭＬＳ）は成功と捉えていますか。野球界にとってはどんな存在でしょうか。

ジム　私が若い頃、アメリカはアイスホッケー、アメリカンフットボール、野球、バスケットボールの4大スポーツの時代でした。しかし、今ではサッカーが加わり5大スポーツになった。MLSがサッカーをアメリカに根付かせたのは、すごいことだと思います。

それでも幸い、現在どんな尺度で測っても野球人気はアメリカのスポーツの中で最も高い。売り上げもそうですし、観客動員数もそうです。こういう状況だからこそ、コミッショナーのロブ・マンフレッドは「一番良い時期にこそ、やれることを全部やらないといけない」と言っています。これはあらゆる世界で当てはまることだと思いますが、野球はプレーした経験があるかどうかが、消費者として野球にお金を出すかに強く影響します。サッカーは誰もが簡単に理解できるスポーツですが、野球はルールが複雑で、理解するのが難しい。その難しさがあるからこそ、子どもたちが野球に親しむ機会をつくらなければと考えています。

受講生　インドについては、何か戦略的なアプローチをしていますか?

ジム　これまで5、6回インドに足を運びました。実は……フラストレーションが溜まるようなプロセスでした。教育委員会や大学と、3つの案件で契約寸前までいき、記者会見まで開きました。ところが3件とも、急に音沙汰がなくなり空中分解してしまった。MLBとして、投資する準備ができていたにもかかわらず、です。現在はその戦略が正しかったのか、再評価しているところです。個人的な考えとしては現地にきちんと人を置き、オーナーや利害関係者に事業計画をもっと丁寧に提示すべきかなと思っています。とはいえインドには数多くの魅力的な要素があります。人口の多さはもちろん、アメリカに留学している外国人の国籍で2番目に多いのがインドです。それだけインドの人がアメリカの文化、野球に触れる機会がある。英語が使える国ですし、バットとボールを使うクリケットの人気が高いのも魅力です。

受講生　日本の野球のトレンドとして、女性ファンが拡大している兆しがあります。MLBとして女性ファンを取り込むために、何か行なっている施策はありますか？

ジム　アメリカではMLBが、NFLやNBAよりも多くのファンを抱えています。これはファミリーエンターテインメントだからです。NFLではファイターたちの激しい闘いに男性が熱狂する。NBAではプレーとともに、大音量の音楽と煌びやかなショーを楽しめる。一方で、MLBは女性や子どもも含めて家族全員で楽しめるのです。

日本に関しては、数年前に市場調査をやってわかったことなのですが、30〜40代の主婦層が、日本におけるMLBファンの中で大きな割合を占めていたのです。最初はなぜ？　と疑問に思ったのですが、日本で生活を続けることでやっと分かりました。時差が関係しています。MLBは多くの試合が日本時間の朝8〜9時頃に始まります。その時間帯は、主婦のみなさんが旦那さんと子どもさんを送り出した直後。ちょうど一息つける時間に、野球が始まるのです。

消費活動に関しても、多くの家庭では、母親が財布の紐を握っています。これは日本でもアメリカでも同じことです。我が家でもそうですから（笑）。そこで以前、ケロッグさんと協力して、コーンフロスティのパッケージにＭＬＢのロゴや人気選手を起用し、主婦に訴えかけたキャンペーンが大きな成功を収めました。それ以外にも、５月の第２日曜日「母の日」に、選手たちがピンク色のバットやグローブ、リストバンドなどを身に付け、のちにオークションに出すことで乳がん撲滅を目指すピンクリボン運動に協力したりもしています。

日本のＭＬＢファンの女性たちに対して、どのような活動をすればいいのかは、我々も今、模索しているところです。みなさんも、何か良いアイデアがあれば、ぜひ教えていただければと思います。

（２０１７年９月14日）

Jim Small

1961年アメリカ・ボストン生まれ。カンザス大学卒。2003年に来日し、MLBのアジア太平洋地域のビジネスを統轄する。WBC（ワールド・ベースボール・クラシック）の立ち上げにも関わる

第11回

早野忠昭

Tadaaki Hayano

（一般財団法人東京マラソン財団事業担当局長・レースディレクター）

愛される市民マラソンの作り方

3万6000人が参加する世界有数の市民マラソンは、どのように運営され、どのようなビジネス的発展を遂げようとしているのか

プレゼンテーション

カンブリア紀が生んだ、大会としての発展

東京マラソンは、2017年からフィニッシュが東京の丸の内エリアへと変わり、リニューアルされました。夢の2時間3分台を目指す招待選手をはじめ、3万6000人のランナーたちと、それを支えるボランティア、スタッフが作り出す大きなイベントです。普段はひっきりなしに車が行き交う大都会・東京が、この1日だけは、ランナーのための街になります。

2007年に第1回を開催してからの数字の推移を見ますと、1回目の定員は3万人で倍率が3倍だったのが、2017年（第11回）の定員が3万6000人で一般の倍率が12倍。協賛金も、1回目からは3倍以上に膨らみ、大会運営の予算も40億円になりました。

この成長を支えたものは何だったのか。大会自体は日本陸連、新聞社、テレビ局、地方公共団体の協力をいただいて運営されていますが、この10年を3期に分けると説明しやすい（次頁図参照）。

1つ目は黎明期。最初の3年は、家でいう土台の部分をつくった期間です。

そして次の時期、4年目から8年目までをカンブリア紀と呼んでいます。地球の歴史でいうと生物がその種類を爆発的に増加させた時代なんですが、マラソン大会でも何でも最初の3年

これまでの10年

東京マラソンの経緯と展望

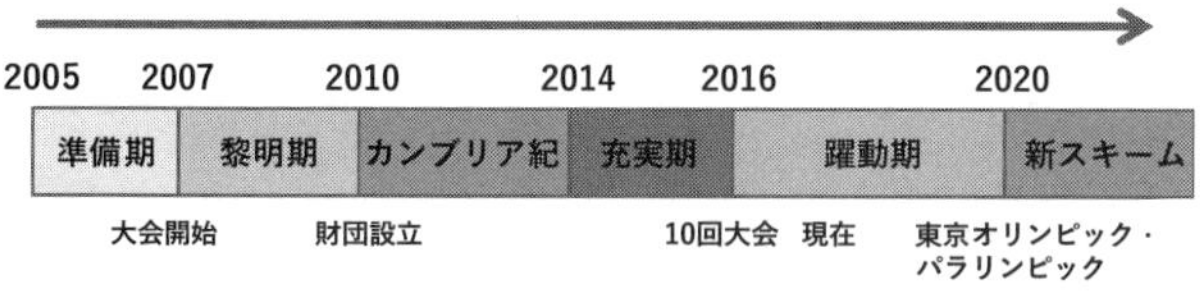

カンブリア紀

約5億7500万年前の古生代の時期。三葉虫に代表される生物がその数、種類を爆発的に増加させた時代。東京マラソンは、財団設立後のこの時期に、ONE TOKYOをはじめ、マラソンウィーク、その他のコンテンツを充実させ、**コンテンツマーケティング**の礎を築いた。

チャリティ事業も「カンブリア紀」に始まっている

が過ぎると飽きるもの。だから僕らはカンブリア紀のように、コンテンツを大量に発生させました。東京マラソンのコンセプトに「走る」「支える」「応援する」という3つの「楽しみ」がありますが、それに関するコンテンツを意図的に作っていきました。

たとえば、大会が始まってすぐの頃、コース沿道の9割以上のお店は、ランナーが店の前を通ることに反対でした。「店の前を通るなんて営業妨害だ」と。そこで協力してくれた店をウェブなどで「沿道のお店」として紹介してみました。するとランナーの応援で地方から来た方は、どこで昼食をとっていいかわからないので、その店に行くようになります。営業面でプラスになったのです。今では数多くのお店が割引券を出してくれるし、「うちの前を通ってもらえませんか」というお店も出てくる。こういった取り組みを数多く行っていく中で、いろいろな人がこのレースに関わっていたくなるようなブランディングをやってきたんです。

そういう意味で、2012年に「ワールドマラソンメジャーズ（現アボット・ワールドマラソンメジャーズ）」の仲間入りを果たしたことは大きなことでした。もともとは2006年にボストン、ロンドン、ベルリン、シカゴ、ニューヨークの世界5大マラソンで始まったポイント制のシリーズで、各レースの順位に応じたポイントで争われ、男女の優勝者には賞金25万ドルが与えられる。このシリーズにアジアの大会として唯一加わったことでブランド価値が上がり、外国人の参加者も急増しました。

ちなみに東京マラソンを走るとメダルが貰えるんですが、一つ手に入れると、6大メジャー全てのメダルを集めたい、制覇したいという欲求が出てきます。そういうランナーたちを刺激する「シックススター・フィニッシャー」というコンテンツもアボット・ワールドマラソンメジャーズの施策の1つです。

私の考える「スポーツレガシー」とは

また、東京マラソン独自のコンテンツとして「スポーツレガシー」というものがあります。これは2020年、東京でオリンピック、パラリンピックが開催されることを契機に始まった

2018大会では日本最高記録も更新された（© 東京マラソン財団）

事業で、簡単にいえば「2020年以降もスポーツを広げていこうじゃないか」ということです。今はみんな五輪に注目していますが、東京五輪が終わったら何も残らず、ぺんぺん草しか生えないようでは嫌じゃないですか。そういう思いが込められているんです。

ちなみに皆さんにお聞きしたいのですが、レガシーの定義って何でしょうか?「遺産」と一言でいっても、具体的には浮かびませんよね。東京マラソンでは「個人の遺産」を大切にしています。たとえば池田さんが今年60歳を迎えるお父さんだとします。お父さんは東京マラソンに毎年申し込んでいるのに、ずっと抽選に外れている。そこで家族が妻と娘で10万円を集め、チャリティランナーとして申し込んだ。当然、走れることになってお父さんは嬉しい。そして東京マラソンの日、今でいえば設楽悠太選手であるとか、トップランナーもお父さんのような市民ランナーと一緒に走るんですが、そういうトップ選手は走り終わった後に、自分への強化につながる寄付をしてくれたチャリティ参加者に「応援ありがとうございました」というハガキを送るんです。池田さんにも届きます。当然そのハガキ、自慢しますよね。そして2020年、設楽が男子マラソンで走っていると、テレビの前でお父さんは家族に「見ろ。この設楽は俺が育てたんだ」と言うわけです。そして命が尽きたときに奥さんがそのハガキを棺桶に入れてくれる。こんな幸せなことはないと思います。私はそういう、人の心にずっと残るものが「レガシー」じゃないかなと思っているんです。

ランナーがスポンサーを連れてくる？

東京マラソンはオリンピックに向かっていくこの時期でも、スポンサーシップの数を伸ばしています。どうやってマーケティングの基礎を固めたかといえば、ある意味逆説的なのですが、最終的なお客さんであるランナーときちんと向き合うことで得られると考えています。ランナーが喜ぶと間接的に企業スポンサーが喜ぶ。これも、この10年の間に学んだことです。

たとえば家から職場まで車で行くのに、どの車で行っても時間は変わらないけど、やっぱりBMWで行きたいという人がいる。1万円のスポーツ・ウォッチでも時間はわかるけれど、やっぱり高級時計を買う人がいる。それと同じで、日本中いろいろマラソン大会が行われている中で、東京までわざわざ出てきて、交通費、宿泊費合わせて10万円以上使っても東京マラソンを走りに来る人がいる。東京マラソンに参加する人たちはつまり、BMWや高級時計を買う人に似た志向を持つ人たちなのです。そういう人たちをこの大会が抱えているということが、たとえばBMWというスポンサーにとっては魅力になっている。同様に、運動後に飲むビールが好きで走る人、音楽を聴いたり、好みのウェアを着たり、かっこいいスタイルが好きで走る人――いろいろな人の志向や嗜好があって、その裏に、彼らの嗜好を満たすものやサービスを提供している企業があればいいのではと思っています。

ですから、私たちは現在お世話になっている企業を「オフィシャルパートナー」と呼び、「スポンサー」とは呼びません。また毎年パートナーズミーティングを開催して、意見を必ず聞いて、その後はお酒を飲んで語り合う。そこでパートナー同士の、異業種間のビジネス関係が生まれるんです。おかげさまで、協賛金は合わせて24億円くらいまで伸びてきました。

ただ、まだまだやるべきことはあります。

チャリティに関してもボストンマラソンは70億から80億くらい集めています。東京はまだ4億円くらいです。もっと増やしていきたい。3万6000人の定員にしても、私たちとしてはもっと多くの人に走ってもらいたいのですが、それには安全性の問題などもあるので、ここから先の増員は、警視庁にもご理解いただける状況を作らなければなりません。

私はもともと、高校の教諭でした。インターハイの800mでも優勝した中距離ランナーで、陸上の指導者としても頑張っていたんですが、30歳でアメリカに渡り、アシックス社に勤務しながらコロラド州ボウルダーで高地トレーニングをする有森裕子さん、高橋尚子さんなどアスリートをサポートしていました。その後企画して、東京マラソンの立ち上げに関わってのち、東京マラソン財団を設立し、事務局長となって現在に至ります。

年に1回のレースなのに、普段は何をやっているんだろうと思われるかもしれませんが、実は年中暇なし(笑)。ボランティアの募集や沿道へのご協力依頼、広告業務などを割り振ったり、海外出張も年に10回くらいはあります。なにしろ新しい分野ですからね。アメリカに行って感じたことは、「この国では走ることが人生の一部になっている」ということ。文化として根付いているんですね。日本もいずれはそうなっていくといいなと思っています。

クロストーク

企業が「走ること」を評価する社会へ

池田　今、日本のランニング人口は増えているのですか？　今日もここに来る前に皇居の前を通ったんですけど、一時期よりランナーが減ったような気がしました。

早野　そうかもしれません。じつは2007年に東京マラソンが始まって以来、ランニング人口は15%くらい増えたと言われています。ある業界の人によれば、ランニング界ではその2007年を境にBC（紀元前）、AD（紀元後）と言われているそうです。だから、私たちが大会を作ってからはいろいろなところでマラソン大会ができました。でも、うちみたいにコンテンツマーケティングをやっていないから、数年すると伸びなくなってしまう。今はそうやって二匹目のドジョウを狙った人たちが「もういいや」となっていて、業界全体が成長の踊り場状態にあるように感じます。我々はそこでやめてしまってはダメだと思っています。ここから上がっていくような仕組みをつくっていかなければなりません。

池田　ランニングは世界のどの国、どの地域で盛んなのでしょうか。

早野　アメリカ、西欧諸国ですね。そういう国では昔から走ることが生活の一部のようになっています。また市場が急成長しているのは中国、台湾。爆買い風にランナーが増えています。

池田　日本でランニングをする世代としては、どういう層が多いんでしょうか。

早野　20代はまだ社会に出たばかりで余裕もないため、35歳から45歳くらいが多い。ただ、健康のために、というだけでは人が集まりません。たとえばそこに「かわいい」という付加価値をつければ、若い女の子が増えてくる。そうすると、その後ろに若い男性とちょいワルオヤジが来る（笑）。どの世界でも一緒です。

でも、働いている女性に「なんで走らないの？」と聞くと、逆に「じゃあ、いつ走るんですか？」と返されてしまうんです。会社の休憩時間に走ったとすると、顔を洗って、化粧を落として、また化粧をすると化粧品代が2倍かかる。すごく現実的な話になってきます。今、経済産業省が「健康寿命を延ばそう」という目標を掲げたり、企業も社員の健康を重要視するようになりましたが、そうであれば企業が、仕事と同様に従業員が走ることも評価してあげないといけない。そこで私たちは企業別の「コーポレート・フィットネス・ランキング」をつくったりとか、ランナー登録制度に企業で取り組んでもらうように働きかけたりとか、外側から、外堀からやっていこうとトライしています。

池田　早野さんは今も走っているんですか？

早野　そこは辛いところで（笑）。ランニングマシンは家に置いています。それを好きなテレビ番組を見ている間はやろう、といった形で走っていますね。人間がランニングしようと思う理由なんて、案外つまらないことで、お役所や上司が大上段から言っても人間は聞かないもの。美味しくビールを飲むために、であるとか、そういうところをよく研究していきたいですね。

トップランナーの懐事情

池田　市民マラソンの参加者の中で、プロアマ問わず、マラソンを職業として走っている人はどのくらいいるんですか？

早野　いわゆる競技者、「エリート」というカテゴリーは、公認記録2時間21分以内（男子）とかで限定されるんですが、男女合わせて120人から130人。オリンピックを目指すような招待選手は飛行機、宿泊費すべてを大会側が負担します。大会記録を狙えるケニアやエチオピアの選手が多いですね。日本人だと川内優輝選手や設楽悠太選手などは招待されます。

池田　賞金はどれくらいでしょう。トップの選手は年間どのくらい稼いでいますか？

早野　東京マラソンの場合は1位に賞金1100万円が贈られます。年間でいえば、東京マラソンでトップになる選手は、推測ですが3億はいくでしょう。大会の賞金やボーナス、契約先からの賞金などを含めてですが。日本人選手は実業団に所属しているので、そこまではないと思います。

池田　ケニアやエチオピアから招待選手を連れてくる時、ギャラの交渉などは？

早野　海外トップ選手にはマネジメントがついているので、エージェントと交渉するんです。

池田　約束していたのに来なかったりするトラブルはないんですか？

早野　契約した以上はエージェントがきちんと連れてくるので、大丈夫です。

池田　そういう招待選手たちは年間でいくつくらいの大会に出るんですか？

早野　年間多くて2つ、3つくらいですね。リカバリーの時間も必要なので。

池田　実は東京マラソン、私も走ったことがあります。参加者としてのリクエストは、表示されるタイムをネットタイムにすることですね。スタートの号砲が鳴ってからフィニッシュするまでのタイムがグロスタイムで、これが公式記録として完走証に記されますが、大勢が参加する大会では後の人はスタートラインに到達するまでに数分かかる。だからスタートラインを過ぎてからフィニッシュまでのネットタイムで完走証に記録表示してもらいたいです。

早野　もちろんネットタイムでも問題ないのですが、それを公式記録としてしまうと、自己ベストに嘘を書いてくる人が出てくる。するとタイムの速い順にスタートラインについているはずなのに、遅い人が前に来てしまい、後ろから突き飛ばされたりして危なくなる。これを防ぐためにもスタートの並び順はエリート選手が前で、その後に陸連でランナー登録をして公認タイムを持つ人、その後ろが非登録者＝一般の方となってしまうんです。

池田　あとは、マラソン大会への参加費などを医療費として認めてもらえると嬉しいですね。

早野　そうなんです。誰しも手術して体を切って1万円払うよりも、その1万円でランニングシューズを買った方がいいですよね。国民皆保険制度が国民をスポイルしていると感じます。だって保険料を払っているんだから、病院に行かなければ損だという気持ちになりますよね？　でも、病院がない地域の方が、健康率が高いというデータがあるそうです。もしコーポレート・フィットネスが完成されていれば、池田さんも早野さんも60歳から病院になんか行かなくなる。みんなでボウルダーに合宿へ行こう、となるんですよ（笑）。（2017年9月28日）

Tadaaki Hayano

1958年長崎県生まれ。高校教諭を経て30歳で渡米、アシックスボウルダーマネージャーに。帰国後ニシ・スポーツ常務取締役。2006年東京マラソン事務局広報部長、10年事務局長、12年現職

第12回

隈研吾

Kengo Kuma

（建築家、東京大学教授）

新国立競技場に込めた思い

あるスポーツ施設との出会いが、建築家・隈研吾の出発点にあった。
新国立競技場に込めた歴史と時代、風土に根ざした設計思想を語る

＊本講義には特別ゲストとして、横浜スタジアムの改修を手がけた建築家・西田司氏にも参加していただいた

プレゼンテーション

建築家を志すきっかけとなった、国立代々木競技場との出会い

現在、設計に関わった新国立競技場の建設が進んでいますが、まずは僕が建築家になるきっかけを作ってくれた、ある建築物の話から始めましょうか。

僕は1954年生まれで、1964年に東京オリンピックが開催された後、小学4年生の時に初めて父に国立代々木競技場へ連れて行ってもらいました。当時の僕は猫が大好きで、獣医になりたかった。でもそのとき、丹下健三さんが設計した国立代々木競技場を見て打ちのめされました。高い建物がなかった当時のフラットな東京の土地に突然この建物が現れるさまは、とんでもない衝撃で、とにかくかっこよくてね。そこで初めて建築家という職業を知り、丹下健三という人物を知って、建築家になりたいと思うようになりました。

丹下さんの国立代々木競技場はプラン（設計図）で見ても傑作です。あの建物を見て、上から見るとあんなきれいな円になっているとは誰も思いません。建築家が見ても普通は気がつかない。地面から見ていると、長い建物だろうという気がするんですが、実際には円から両方向へウイングが出ていて、原宿駅からと渋谷駅からの人の流れを受けとめています。その流れは建物全体を渦巻き状にまわる回廊へとつながります。また受けとめた場所には巨大な石を積み

国立代々木競技場の第一体育館。第二はこの奥にある

上げてあり、動線からしてすごい。スポーツ施設はシークエンス（連続した仕掛け）が重要だと思いますが、中に入っていくにつれて観客の心がうわーっと高揚していくようにできています。

また、建物が大地とつながりながら、天に向かって伸びていくさまにも驚きました。一種、神話の世界に通じるような垂直線です。建築は人工物なので、基本的には大地と関係なく建てられますが、隠し味で大地とつながっているディテールがあるとより人間の心に響いてくる。

この建物については、いろんな人がいろんな解釈をしています。例えば、どこそこが丹下流の伊勢神宮の表現だとか、ある角度から見ると屋根が唐招提寺にそっくりだとか。そうしたさまざまな解釈は可能ですが、僕はそういう解釈を超えて存在自体がすごい、と思っています。

丹下さんは建築技術的にもアクロバティックなことをやっています。こんなに大きな屋根は、普通なら柱が何本もないともちません。それを吊り構造にしています。なかなか思いつかない方法ですし、支柱は大地から天に向かって上昇していく形になっている。また吊った屋根は実はアーチ状です。この形も人間の心を引きつけるところがあります。

競技場の内部も巧みな作りが印象的でした。当時はプールでしたから、天からの光は水面へ降り注ぎます。同時に屋根の両脇のアルミパネルを舐める光も水面へ届き、その照り返しがふたたびリバウンドしてくる。東京五輪で飛び込み台に登った選手が、「天国にいるのかと思った」というコメントを残しているくらいです。現在は飛び込み台もプールもないので、建物本来の感動はなかなか味わえませんが、少年だった僕はすっかり感動してしまいました。横浜の大倉山の自宅から、毎週末ここへ泳ぎに通ったくらい、惹かれていたのです。

コンクリートの時代から、木を大切にする時代へ

少年時代のこうした体験があったので、新国立競技場をどのように設計するか考えた時、国立代々木競技場を頭に浮かべたのは当然のことでした。その上で僕は「1964年」と「2020年」の違いを示そうと思いました。丹下さんがコンクリートの造形や、吊り構造など当時の世界最先端の土木技術を見せようとした。では、僕は何を見せるべきか、ということで

す。今はまだコンクリートや鉄で高く作る超高層技術の時代ですが、僕は上へいく形、垂直な形ではなく横へのびる水平な形にしたい。つまりは地面にくっついた土っぽい建築。丹下さんの頃の建物が自然とのコントラストだったとすると、反対に自然に溶け込むようにしたい。それを実現するため、建物の高さを抑えることを追求しました。以前の国立競技場は照明塔の上まで外苑西通りから約60mありましたが、さまざまな寸法を詰めて新国立競技場では50mを下回っています。今は低い方がインパクトがある。丹下さんとは全く違う形で大地との接点を作り、競技場を使わない時でも建物全体が外苑の杜のなかに溶け込んでいるようにしたいのです。

それともう一つ、木を印象的に見せたいと思っています。いかにして一番目立つところに木を使うか。薄くスライスした木を貼る練付ではなく無垢の木を使いたい。それも節のある木を使い、質感で人の心に刺さることをしたい。以前、複合型市役所のアオーレ長岡（新潟県長岡市）で外装や内装に越後杉や雪さらしの和紙、栃尾ツムギなど地元の素材を用い、心に刺さる仕掛けを作りました。また建物の中心部には屋根付き広場のナカドマもあります。色や質感を入れて従来の公共建築にはない優しさや暖かさを感じてもらおうと考えたのです。

新国立競技場では、まず入り口の木でお出迎えしたい。全周約1㎞にずらっと木を並べるんです。それも節のある無垢の木を集めて使います。そこへ緑がインテグレート（統合）されてくると、木と緑のなかでお客さんは「あ！　普通のスタジアムと違う」となるはずです。

また、スタジアムを下から見上げたときに見える部分にもたくさん木を使います。雨ざらしにならない軒下ならば木も長持ちしますし、驚きを与えることができる。また、こうやって小さな部材を見せるという方法は、日本のデザインの特徴でもあります。ロンドンのオリンピックスタジアムは、予算の問題もあって見上げたときの印象は寂しかった。新国立競技場には木の軒下を作って、雨の日でも下を歩けるようにしたい。普通ならお寺でしか体験できないようなことができたらいいなと思っています。見えるところに、ヒューマンスケールで温かみのある質感が使われていると、人間は安心できますから。

海外で建物を作るときも、そういう日本の手法は使ってきました。軒を深く出して縁側を作り、中でも外でもない中間領域を生み出す。これはいままでの現代建築になかったところなんです。日本らしいとは言わないまでも、たいていの方がその部分を一番気に入ってくれる。こういう空間こそみんなが求めていたものかもしれないなと僕も確認できました。

アメリカのポートランド日本庭園は、地元の巨大な木の中にうずもれるような庭園です。日本庭園といえば巨木とは組み合わせられないイメージですが、僕らの建築では緑の質感ある屋根をあえて巨木の中に持ってきました。緑は土ではなくたくさんの穴が空いたセラミックの上に植えました。現代の技術を使えばこういう屋根が作れる。日本の伝統的な建築ルールに反していますが、こうしたほうが日本らしさをより感じ取ってもらえる、と考えたのです。

© 大成建設・梓設計・隈研吾建築都市設計事務所共同企業体
パース等は完成予想イメージであり、実際のものとは異なる場合があります。
植栽は完成後、約10年の姿を想定しております。

そもそも日本建築をモチーフにする手法というのは、説明しやすいからそう言っているだけでもあります。内心では日本イコール京都、奈良などの伝統建築と思っている人のイメージを変えたい。実は現代のデザインの中にそういう要素を隠し味で入れると生きるんだよっていう気持ちですね。

もちろん、僕はコンクリートで作った丹下さんの建物を批判しているわけではありません。建物がその時代をちゃんと体現していることが大事だと思っています。当時はコンクリートの工法が日本に入り、首都高や新幹線などが次々できていった時代。まさにその時代を体現していた。丹下さんには時代精神を拾い上げる才能があったと思います。後から見返しても当時が感じられ、いい時代だった、と思えるような建物とはそういうものです。

東京五輪は、新国立競技場がどういう建築でもきっと盛り上がるでしょう。しかし、その後もずっと残るものにするには競技場のキャラクターを明確に打ち出す必要がある。それさえあれば、いろんな使い方のアイデアが湧いてくると思います。もしかしたら、いまの時代にはないような使い方をしてくれるかもしれない。それが僕の場合は木という素材。木がここまで感じられる屋外のスポーツ施設なんて実はあまり例がないんです。杉をこれだけ使えば匂いもしますし、その点も含めて総合的にキャラクターを作ろうと考えています。

その意味で言いますと、大事なのは建物だけではありません。例えば北京五輪のメインスタジアム「鳥の巣」。線のスケッチからはじまり、それが建築の形になっていく魅力的なプレゼンテーションでしたが、実際にできたものを現地で見るとどうも寂しい。周囲があまりにも殺風景なんです。これは多くのスタジアムで起こることで、建物を作るとあとは予算切れで、周囲に手を入れる前に終わってしまう。でも新国立競技場の場合、今はすぐ近くには木がありませんが、周りの森と緑の連続性が生まれるよう、これから木を植えていきます。10年、20年経ったとき、スタジアムができたことでかえって外苑の杜が深くなったと感じられるといいなと思っています。

スタンドやトラックの色も、「神宮の緑」との相性を

最後にスタンドの座席の話をしましょう。座席の色をどうするか。競技場の座席は、空きが

あったときにイメージをどうするかというのが問題です。オリンピックのときはもちろん全部埋まるでしょうが、その後は使い方によって、上の方が空いたり、1段目だけが埋まったり、いろんなケースが想定されます。お客さんが入っているところは自動的に色がまばらになりますから、上の方に突然いろんな色が出てしまうと、空席があまりにも目立つ。そこで全体をモザイク的な色合いで作っておくと、まばらな時も寂しくない効果を狙えます。いまは全体をさまざまな色の葉のモザイクにしようといろいろ計算をしているところです。

またトラックの色はコンペの時から赤茶色で提案してきました。色によって競技成績が変わるのか、データを調べると有意差がないことも確認しています。なぜ赤茶色なのかと言うと、さきほど説明したようにコンクリートではなく木にするわけですが、木と芝生の緑と並べてみると、赤茶色との組み合わせが一番しっくりきたからなんです。スタンドの座席の落ち葉のようなモザイクともなじみます。

スタンドについても東京の風向きを計算し、それぞれの季節ごとに、一番気持ちよくすごせるように考えています。基本的には、夏の風は下に、冬の風は上に逃がしていく。観客席にいやな風が直接当たらないようにするわけです。機械的な空調をせずに、快適な環境を整えるにはどうしたらいいのかということを計算し、ディテールを決めていきます。同様に、1つの空間を共有している感覚が観戦者に音で伝わるよう、音響設計も綿密にやっています。

建物の上方には、「空の杜」と呼んでいる空中遊歩道があります。一周約850m。ここにも緑があって、ニューヨークのハイラインのように、すこし高いところから外苑の風景を眺められるようにしています。

クロストーク

ヨーロッパは建築物を「みんな」で作っている感覚がある

受講生　これまで建築家の視点で多くの競技場を視察されてきたと思います。隈さんが好きな海外のサッカースタジアムはどんな建築物でしょうか。

隈　サッカーのスタジアムは建築的にはなんでもないものが多いです。なんでもないというのは、コンクリートの壁や柱が自己主張しないで、ちゃんと客席が目立っているという意味です。特にイタリアのスタジアムなどは、なんでもないなかで観客が主役だと思わせるような仕掛けがいろいろあるように感じました。

受講生　先日、シンガポールの国立競技場を見てきました。日本の国立競技場と東京体育館と辰巳国際水泳場をひとつにしたような総合施設で、シンガポールだからこその規模だと思いますが、海外で仕事されて、そういったスケールの違いを感じることはありますか？

隈　建築物について市民に説明する機会は外国の方が多いですね。日本はマスコミが報じ、それが市民に伝わるという形ですが、ヨーロッパは直接説明する場が多い。説明会ではさまざま質問がきますし、市民と直接コンタクトして一緒に作っていくことが重視されています。アメリカはまた違う形です。たとえばポートランドでの建築費は、市のお金もあるものの大部分は寄付で賄われます。その寄付を集めるために、こういう建物を作りたいと市民に説明して賛同者を増やす。建物を建てるまでに6年ほど要しましたが、そのほとんどは寄付集めにかかりました。説明会は、昼間の会もあれば、シャンパンを飲みながらやるパーティもある。そんな欧米に比べると日本はまだまだ間接的。みんなで作っているという感じは弱いですね。

西田　池田さんと横浜スタジアムの改修に取り組む中で感じたことですが、市民と建築家がつながれば、みんなが自分のことと認識できます。日本も変化しつつあるのでしょうか。

隈　それはありますね。今は建築物を作ること自体がネガティブに見られるようになっている。税金の無駄遣いだとか、環境破壊だとか。目線が80年代とは違います。海外ではもっと前からそう見られている。フランスのある市長には「建築はなかなかたいへん。いまフランスで私は建築家をやっていると言ったら、自分は世間知らずだって言っているに等しいわ」と言われたこともある。建築に対する目線はそれほど厳しいんです。日本も90年代以降は厳しくなってきたけれど、今は徐々に「みんなで作りたい」という空気になってきている。日本もそういう空気に合わせて建築のやり方、設計のすすめ方を変えていかないといけないと思いますね。

スポーツ施設は社会の花であり、都市の花である

受講生 新国立競技場は防災の拠点としても重要ですよね。工夫されている点は?

隈 防災の拠点としての視点は最初から組み込まれています。定められた基準も踏まえています。ただ僕が思うのは、防災の拠点は日頃から親しまれているものでないと、いくら備蓄があってもだめだということ。イベントをやってないときもその周りで遊んでいるとか、あそこのことはよく知っているとか。つまり普段から親しまれるようにすることが大切です。僕が手がけた東銀座の歌舞伎座、あそこは実は防災拠点になっています。地下鉄の駅からつながる広場があり、あそこに3000人分の備蓄が入っている。設計当時、3000人がすごせる広場を作ろうと考えてさまざまなシミュレーションをやったので、その経験が生きています。

西田 今までのスタジアムはスポーツをどう面白く、しっかり見せるかという視点で作られていたと思います。でも、マツダスタジアムのように子どもが遊んでいられる場所を作ろうとか、バーベキューしながら見られるようにしようとか、視点は大きく変化してきました。これはスタジアムが地域のものになっていくプロセスですね。

池田 ハマスタの改修も、僕は野球を見る人だけでなく、野球をつまみに会話する人が集

う場所にしたかったんです。極端な話、野球を見てなくてもいい。横浜という地域のアイデンティティとして、野球がない日も人が来るような場所になってくれれば、と思っていました。

西田　隈さんはこれまであまりスポーツ施設に携わっていないということで、「なんで俺が頼まれたのかなと思いながらスタートした」とおっしゃっていました。実際にいろいろやってみて、スタジアムの可能性やこれからの方向性など、感じられたことを教えてください。

隈　建築家はスポーツ施設ではなく美術館を作る人だと思われています。でもヨーロッパでは必ずしもそうではない。やっぱりスポーツ施設は社会の花、都市の花ですから、建築家の面白いアイデア、都市全体をみわたしたアーバンデザイン的発想が根底にあるべきだと思われています。マツダスタジアムもそうですが、キャパシティだけで決まる従来の発想を超えられるのは建築家です。建築家の発想は自由なので、スタジアムをはじめ他のスポーツ施設もその変化にどんどん巻き込まれていけばいいと思います。

（2017年10月12日）

Kengo Kuma

1954年神奈川県生まれ。建築家。隈研吾建築都市設計事務所主宰。これまで20カ国超で美術館など多種多様な建築を設計し、芸術選奨はじめ受賞多数。ポスト工業の建築の在り方を追求する

第13回

太田雄貴

Yuki Ota

（日本フェンシング協会会長）

フェンシングをメジャーにするために

圧倒的な知名度と行動力を買われ、31歳の若さで協会トップに就任。
フェンシングがもっとメジャーになるための、ビジョンと方策とは

プレゼンテーション

現役を終えて間もない自分だからできることを

現在、私は日本フェンシング協会の会長であり、国際フェンシング連盟の理事も務めています。31歳で星野正史前会長から会長に推薦されたときは、自分のような若輩者に果たして会長職が務まるのだろうかと迷いましたが、すべてのフェンサーたちのために、現役生活を終えて間もない自分にこそできることがあるのではと考え、会長職に就任しました。

会長としては、強化にのみ偏らない協会運営を目指して、大きく4つの目標を掲げています。

① フェンシングというスポーツを通じて、健康や喜びを社会に還元していくこと
② フェンシングを広く普及させ、現在の6000人弱の登録者数を5万人に増やすこと
③ 東京オリンピックを成功させること
④ 財政基盤の安定

東京オリンピックを成功させ、メダル獲得のみならず、オリンピック後、日本の社会にフェンシングを根づかせることを目指したい。また選手のために少しでも経済的支援をしていくこ

2008年北京五輪男子フルーレで銀メダルを獲得（©JMPA）

とは当然として、それを支える協会の体制、財政基盤を安定させることも必要不可欠です。

まず、現在のフェンシング人口について。協会の登録者数は2007年度から2016年の推移を見ていくと、少しずつではありますが増加傾向にあります。しかし2015年度には少し減少しました。これは協会の登録費を上げたことが要因です。なんとか持ち直して今は6000人。登録者数の内訳を見てみると、小学生、中学生、高校生は増えていますが、社会人になると減っています。そこで私は競技人口に関して2つの軸を置くことを考えました。

まずは小学生や中学生も競技を始められる環境を作ること。もう一つは健康のため、あるいは「なんだかかっこいい」といったような、ライト層の人口を増やすということです。

オリンピックスポーツにありがちな傾向として、「オリンピックを目指さない人は、やらなくていい」という空気感があります。しかし、それは人口を狭めているだけ。参考にしたのがトライアスロンです。トライアスロンはオリンピックスポーツですが、健康志向の経営者層やスポーツ好きをうまく取り込めている。それが競技人口の増加につながった。トライアスロンにならって、私は親しい経営者層から少しずつフェンシングを行う環境作りにトライしています。

こうした試行錯誤を重ねる中で、私は大事なことに気づきました。それは、オリンピックでメダルを獲ると競技人口は増えるのか、観客は増えるのかということです。

2008年北京オリンピック、2012年ロンドンオリンピックにおいて日本のフェンサーはメダルを獲得しました。メダルを獲れば人生が変わり協会も変わる。競技人口も増えてファンも増え、潤沢な資金に恵まれると考えていました。しかし、現実はそうではなかった。

まず私たちが認識しなければならないのは「人気」と「認知」の違いでした。オリンピックによって、フェンシングは「認知」されたかもしれませんが、けっして「人気」が出たというわけではありません。「認知されれば人気につながる」と思いがちですが、実はそれは特定のエリアや場所で「人気」が出たことがニュースソースになって「認知」につながっただけ。このことはAKB48を作った秋元康さんからヒントを得ました。AKB48は、「秋葉原が盛り上がっているらしい」という情報がニュースソースとなり、そのニュースが「認知」につながっていきました。一方フェンシングは北京、ロンドン五輪でのメダル獲得がニュースにはなりましたが、盛り上がりの成功例を作れず「認知」で終わってしまいました。

チケットを有料化すると、体育館の使用料が上がる

ロンドン五輪の翌13年、メダリストが出場した全日本選手権決勝戦の観客席はガラガラでした。なぜこのようなことが起こったのか。「人気」につながっていなかったことはもちろん、もう一つ、大きな理由がありました。集客努力をしなかったからです。実はアマチュアスポーツの団体には、試合のチケットを有料化すると体育館の使用料が上がる、という現実があります。チケット料金の設定を間違えると体育館使用料を回収できない危険があるのです。またチケットを有料化すれば手続きが増えます。「面倒だから無料でいいよ」で終わってしまう。

その程度の催し物を観に、ご家庭を持っている方々がわざわざ貴重な週末に会場まで足を運ぶでしょうか。しかも、野球は大体3時間程度、サッカーは約2時間で試合は終わるのに、フェンシングのトーナメントは朝から晩まで試合が行われる。お目当ての選手が残ると踏んで夜に試合会場に行くと、リオ五輪の太田雄貴のように初戦敗退も起きうるわけです（笑）。観客

を飽きさせない、観やすくするしくみ、試みや努力は非常に重要だと考えています。

日本フェンシング協会の収入は現在、広義の補助金が3億円、選手自己負担金が年間で1億7000万円程度、そしてスポンサードが1億8000万円程度です。フェンシングは、実はものすごくお金がかかります。道具代のイメージが強いかもしれませんが、実は最もかかるのが遠征費。トップ選手は世界中のツアーを年間10試合程度転戦します。トップチームと言われるシニアは12人で、フルーレ、エペ、サーブルと3種、それぞれ男女選手がいる。計72人が1回30万の遠征にそれぞれ10回行くのです。さらにジュニア、カデ（17歳未満）もいますから、これらのすべてを賄うと5億〜6億円に。これまでは公費の補助金に頼らざるを得ませんでした。

また、協会の収入を増やすと補助金が減らされます。であれば、スポンサーを集めることは無駄なのではという声もありました。でも協会としては、東京オリンピック後に確実に補助金が減少することを見据え、出来るだけ早く補助金体質から脱却していきたいのです。

強化は順調に進んでいる

では、日本のフェンシングの実力は現在、どのレベルにあるでしょうか。

ここ10年の世界選手権の優勝者（フルーレ）は、ほぼヨーロッパの選手。もう一つ特徴的なのは、フェンシングは毎年チャンピオンが代わっていること。テニスではウィンブルドンであればロジャー・フェデラー（スイス）やノバク・ジョコビッチ（セルビア）らが優勝者の常連で、彼らの優勝がここ10年続いています。しかし、フェンシングでは絶対にありえない。

体格面でも、日本人の平均身長は世界平均よりは低いものの、随分上がってきました。世界ランクトップ32の国別選手数では、15年時点で上からロシア、イタリア、韓国と続き、日本は3人で13番目。しかし17年現在日本は17人と大幅に増加し、国別選手数で5番目にランクインしています。これは２０２０年に向けた強化が順調に進んでいることを意味しています。しかも、15年時点での世界の平均選手年齢27・6歳と比較して日本は23・8歳と若く、2年経った今も世界平均より6歳若い。２０２０年のみならず、２０２４年に金メダルが狙える位置にいるのです。その中心が２０１７年の世界選手権で活躍した西藤俊哉、敷根崇裕、松山恭助らの世代です。

なぜ彼らの世代が強くなってきたのかといえば、やはり北京オリンピックです。私がフルーレ個人で銀メダルを獲った時、小学5年生から6年生の彼らは、私の銀メダルを見て、「太田選手が獲れなかった金メダルが獲りたい」と話しました。一方、私が学生時代に語っていた目標は「初のメダリストになりたい」でした。このマインドセッティングの違いはとても大きい。幼い頃から金メダルを目指した人と、単にメダルを目指した人とでは思い描くビジョンが大きく違うのです。

2020年、幕張メッセを満員にするために

そして、2020年について。東京オリンピックでフェンシングの会場となる幕張メッセは6000人の収容が可能です。午前午後で6000人ずつ、一日1万2000人。9日間で10万8000人。パラリンピックもあわせて約12万人です。ところが16年、日本開催のW杯大会の入場者数は150人、全日本選手権も150人。オリンピックはこの800倍以上もの観客を集めたいというわけです。何をしなければいけないのか。答えはシンプルです。東京オリンピックまでに本当にフェンシングを観に行きたい人を一人でも増やすことしかありません。そのための取り組みを、限られた時間とリソースを効果的に使って行いたいと思っています。

ここでは、会長になって新たに取り組んだことをいくつか紹介します。次頁の画像は17年11月の高円宮杯ワールドカップと12月開催の全日本選手権の大会ポスターです。アートディレクターの秋山具義《ぐぎ》さん、カメラマンの田島一成さんにご協力いただき、これまでにないポスターを作り、会場正面に巨大な看板を作りました。「フェンシングは変わる！」という意志の表れとして、みなさんに好意的に受け止めてもらえました。そして右側のポスター、実は全日本は12月7日から開催されたのですが、ポスターには「12月10日」とだけ表示しています。これは、多くの方々に、「12月10日」にいらしていただきたかったからです。前回までは木曜から日曜

観客増は選手のパフォーマンスに直結、両大会共に熱戦が続いた

まで毎日夕方に決勝戦を行っていましたが、今回から男女合わせて6種目の決勝戦をすべて日曜に行うことにしました。フェンシングはすごい！面白い！と感じていただくための工夫と情熱を、その1日に注ぎこみたいと考えています（編集部注：17年11月に開催された高円宮杯W杯は1500名、12月の全日本選手権は1600名と前年比10倍の観客が集まった）。

また私は国際フェンシング連盟の理事も務めています。国際決定の場に日本人がいるべきだと考えたからです。理事でない人間が草案を上げると総会に行くまで1年半ほど、決定してルールに落とし込むまで2年かかりますが、理事であれば最短2、3カ月で実行・実装できます。日本人が結果を出しているスポーツのルールが変わることは、これまでも多々ありました。「不利になった。残念」と片付けてしまいがちですが、ではなぜ日本に不利なルールになったのか。それはルール決定の場に日本人がいなかったからです。その場にいないから異議を唱える機会がない。現在、国際体操連盟の会長を務めている渡邊守成さんや、国際トライアスロン連合副会長の大塚眞一郎さんのように、日本人が重要なポジションに入っていくことは、どのスポーツにおいても東京オリンピック・パラリンピックに向けて大切なことだと考えています。

クロストーク

競技人口をどう増やしていくか

池田　競技人口を増やすとなると、やはり対象は子どもになるのでしょうか。

太田　実際に競技をする方もそうですが、サポーターも競技人口に入れてしまってもいいのかなと考えています。サブスクリプション（年会費）をいただく形で応援し続けてくれる方をどれだけ獲得していけるか、です。そうなると、フェンシングそのものの競技性に価値を見出すだけではなく、引退するときにこういうスキルが身についています、といった部分を明確に打ち出していく必要性も出てきます。子どもも大人もどちらも重要だと捉えています。

池田　具体的に、フェンシングでどういうスキルが身につくんでしょう。

太田　戦略性の高いスポーツなので、カリキュラムを作り、戦略を立てて物事をロジカルに考える力を養うことができます。また、ヨーロッパ発祥、ヨーロッパで盛んなスポーツですので、海外に行くことを推奨していく。そうすると、グローバルな人材が育ちます。そこでは「英語を学ぶ」ではなく「英語で学ぶ」ことになりますよね。英語で学べば、フェンシングはもちろん英語力も身につく。海外の文化をフェンシングというフィルターを通して学べるのです。

池田　現在、フェンシング協会にはどのような方が関わっているのでしょうか？

太田　基本的にスタッフはこれまでと変わっていませんが、新しく作ったマーケティング委員会のメンバーはフェンシング界の外側で優秀な成果を上げている方々です。

池田　〝フェンシング村〟の住人の考えには限界があり、しがらみもありますよね。そこに〝村〟の概念がない人、外で成功している人が新しい要素を持ち込むことは大事だと思います。ただ、現場にいきなり来ても、「誰だ、お前」となりますよね？

太田　いい人材がいれば、私がきちんと説明をします。しっかりと橋渡しをして、「私たちは変わらなければならない」ことを明確に示す。今後も事務局的な機能の効率をさらに上げていくことが重要になるでしょう。優秀な方々とタッグを組みながら発展させていきたいです。

池田　会長がそれだけしっかりしていて、かつ選手経験もあるのは鬼に金棒だと思います。

太田　どうも私は汗をかくのが好みで、営業も全部自分で行きます。しかも1人で。相手の方々からは驚かれます（笑）。でも、その方が誠意も伝わる。「フェンシングを変えたいんです！」「知恵も学もありませんが、熱意だけはあります」と熱く語ると「仕方がないな、助けてやるか」という感じで。スタッフなど多くの仲間に助けられている実感があります。

受講生　今後どのようにビギナーを取り込んでいきたいと考えていますか？

太田　競技人口の部分に関しては5万を目指すと申し上げましたが、実際にフェンシングをやらなくても、選手に会うだけでも一つのタッチポイントになる。ファンと触れ合うイベントも増やしていきます。また子どもは遊びで木を持ったりしてチャンバラをします。〝侍の血〟が流れているので、剣を持つことへの馴染みがある。これからスポーツチャンバラさんとうまく連携をとっていろいろな展開をしていくつもりです。メジャースポーツを目指すわけではなく、「ユニークだよね」とか「なんか面白い」「やってるやつはセカンドキャリアも最高だ」というような競技団体でいい。とにかく他と比べて光っている状況を作りたい。強みをしっかり理解して、タッチポイントをどういう形で持たせるかを把握していければいいと思っています。

池田　プロ野球ではフィジカルと技術を見定めていくと、だいたい28歳くらいがピークになるように思います。フェンシングも28歳くらいでピークがあるように感じたのですが。

太田　それぐらいだと思います。ただオリンピックのメダリストは大体20代前半。オリンピックは世界選手権に比べると少し手前です。本当に金メダルが欲しいと思っている選手が獲るといいますか、そのとき最もフィジカルで勢いのある選手が勝つ印象が強いですね。

受講生　女子選手は大学からマイナースポーツを始め、オリンピックに出場するなど結果を残す選手も多いと思います。フェンシングでも同様のことが起きる余地はあるのでしょうか。

太田　フェンシングはエペ、フルーレ、サーブルの3種目がありますが、種目によってものになるまでの日数が異なります。3年で世界大会まで出場できる種目がある一方で、10年かけないと成果が出ない種目もある。中でもエペは体のどこでも突いていい、3種の中で最もメジャーな種目です。実は今後、日本でもエペを主役にしていこうと考えています。細かい技術もいらないので、フィジカルの要素とガッツと練習量があれば3年でものになる。特に女子のエペは3年で芽が出ますので狙って育成していきたい。中学3年で他のスポーツ団体にいてドロップアウトする可能性がある子どもや、他のスポーツ団体でピカイチの子どもを引き抜くとか、そういったことを率先してやりたいと考えています。

（2017年11月9日）

Yuki Ota

1985年京都府生まれ。高校時代インターハイを連覇。2008年北京五輪フルーレ個人、12年ロンドン五輪フルーレ団体で銀メダル。16年8月現役引退。17年8月日本フェンシング協会会長に就任

第14回

松下浩二

Koji Matsushita

（Tリーグ専務理事、株式会社VICTAS取締役会長）

卓球新リーグをなぜ立ち上げるのか

若手の台頭で、世界最強国・中国に迫る勢いの卓球日本。待望の新リーグ設立は更なる強化の鍵であり、新たなるビジネスチャンスだ

プレゼンテーション

日本卓球の歴史をふりかえる

Tリーグを世界一の卓球リーグにする。これが18年秋開幕する卓球リーグの専務理事である私の目標です。男子の水谷隼選手や張本智和選手、女子の石川佳純選手、伊藤美誠《みま》選手、平野美宇選手をはじめ世界トップレベルの選手を擁し、オリンピックのメダル有力競技として認知されてきた卓球において、なぜ今新リーグを立ち上げる必要があるのか。4大会連続でオリンピックに出場し、日本人で初めて海外リーグに渡った私自身の体験と合わせて話したいと思います。

まず、これまでの世界選手権での日本選手の成績を簡単に振り返ります。

日本選手が初めて出場したのが1952年のボンベイ大会。ここで実は7種目中4種目で優勝しています。50年代には世界王者が6人誕生し、70年代まで黄金時代が続きました。ただ、そこから中国など他国が強化に本腰を入れ始めると勝てなくなり、1980年代から2000年代中盤まで冬の時代が続きました。私の現役時代も、残念ながらこの時期です。

この冬の時代は、オリンピックと関わりがあります。卓球がオリンピック種目になったのは1988年のソウルからです。その数年前から各国が選手や監督のプロ化を進め、フルタイムの練習で強化を進めた一方、日本の選手は実業団所属のままで定時まで仕事をしてから2、3時間の練習量を確保するのがやっと。そこで差が開き、成績が落ちていきました。

私は世界選手権には1987年のニューデリー大会に初出場し、1997年のマンチェスター大会、男子ダブルスで銅メダルを獲得しました。ただ、オリンピックはバルセロナから4大会連続で出場しましたが、メダルの夢は叶わなかった。海外選手に対抗するためにも「プロにならなければ」という意識が生まれ、1993年に日本選手初のプロになりました。また日本人で初めてドイツのブンデスリーガに移籍してプレーし、自分なりに世界と戦いました。

2000年代に入ってからは、現役生活と並行して会社を設立し、選手のマネジメントなどを手がけるようになりました。さらに「今いる選手ではなく、イチからいい選手を育てよう」と考えるようになり、2001年に小学生のナショナルチームを作り、強化選手を中学からドイツに留学させるため所属先のクラブや留学の環境面などを整えたりしてきました。

実際、2002年には当時中学生の水谷隼をドイツに送り込んでいます。今思えばよく親御さんが許してくれたと思いますが、彼は毎日朝から晩まで世界ランキング50位以内の選手と練習できる環境の中で成長し、2006年、17歳で日本チャンピオンになってくれました。岸川聖也選手もドイツで成長してくれました。この頃から徐々に強化の成果が出てきます。

一方で、これは私の個人的な見方なんですが、女子の場合は特定の個人の存在が大きかった。

福原愛ちゃんです。彼女は２００４年アテネ五輪に15歳で出場しました。それを見た各家庭の親御さんが「うちの娘も愛ちゃんみたいに」と、家に卓球台を置き、お母さんが血眼になって教えたんです。そういう家庭の代表が伊藤美誠選手、平野美宇選手。つまり彼女たちはクラブで育ったのではなく、家の中で育ったというのが特徴です。

Tリーグに中国のトップ選手を！

選手の強化に携わっていくうちに、私はもっと広く、大きな部分で日本卓球に貢献したいと考えるようになりました。そこで卓球用品メーカー「ヤマト卓球株式会社」（現株式会社ＶＩＣＴＡＳ）の社長に就任しました。そして、半年前に会長職に退き、いよいよ本格的にＴリーグの立ち上げに乗り出していくことになります。

リーグ設立のきっかけは、10年前の北京五輪でした。日本の卓球チームはメダルなしに終わりました。当時日本卓球協会の会長だった大林組会長の大林剛郎さんが「今後メダルをとるためにはプロが必要じゃないかな」とおっしゃって、その後プロジェクトチームができたんです。ただ、やはり卓球関係者ばかりでは進まない。他競技のプロの意見を取り入れる検討委員会やリーグ準備委員会をつくり、なんとか２０１６年に新リーグ立ち上げを承認していただきました。エリートアカデミーで育て、海外で強化した選手でもプロリーグを持つ中国やドイツに勝

第14回　松下浩二

2016年リオ五輪で女子団体は銅メダルを獲得（©JMPA）

ちきれない、という現実に直面したことが大きかったと思います。

では、改めてTリーグの特徴について説明します。まず大きな特色として、Tリーグの最上カテゴリー・プレミアリーグへの参入条件に「世界ランク10位以内、またはそれと同等レベルの選手の1名以上の所属」をつけたこと。リーグは世界最高峰のプレーが見られる「Tプレミアリーグ」を頂点に、「T1」「T2」と下部リーグを置きます。

プレミアには世界のトップ選手に参加していただきたい。このリーグを立ち上げるにあたって、最も大切なのは日本卓球の「勝利」「普及」「強化」の循環を良くすることですから、まずは世界トップの選手を呼ぶことで観客を集め、認知度を高めたい。中でも特に獲得したいのが、卓球大国・中国のトップ選手。現在、年間の売り上げ目標は20億円ですが、この目標達成には海外の放映権料が不可欠です。卓球は箱モノなので、1試合の観客数は3000人程度と限られ、入場料収入はさほどの割合ではなく、スポンサー料や放映権料が重要なのです。

初年度についていえば、リーグが海外選手側と契約交渉をしています。新規チームはまだGMもおらずコネクションがないので、まずはリーグがトップ選手を確保し、各チームにマッチングしていきます。会場の演出も含めた試合の運営や収益も軌道に乗るまではリーグが行い、お金についても一旦リーグに集約した上で各チームに分配するつもりです。それでも世界トップの選手を雇えるくらいの金額は分配できますから、それを活用してもらうことになります。

開催期間は10月から翌年3月まで。中国の超級リーグ(4~9月)と時期をずらすためこうなりました。また試合時間もテレビ放映に適した時間帯にします。卓球の団体戦は五輪方式のシングルス4、ダブルス1の5試合制でやると時間がかかり、テレビには向かない。そこで独自のルールを作って時間を短縮することも検討しています。たとえば卓球はボールを拾う時間が長い。テニスのようにポケットの中に2、3個ボールを入れてプレーすれば、3分の1は短縮できる。また1ゲーム7点制を導入してみたり……。柔軟な発想が求められています。

チーム数は男女4チームずつで、シーズン21試合と上位2チームによるファイナルを予定しています。試合数が多くないのは、国際大会が年間20試合程度ありますし、世界選手権もあるからです。オリンピックを考えると、そちらの試合で結果を出して世界ランクを上げ、いいシードを取る必要がありますからね。

リーグ全体としては現在の日本の卓球人口約33万人を、Tプレミアリーグを頂点としたピラミッドの中にすっぽり収めたいと思っています。日本では、下部リーグに相当する都道府県リーグの環境は整っていますが、これまではその「上」がなかった。Tリーグをその「上」としてしっかり作り上げれば、それが日本の強化につながっていくと思うんです。

最高峰のプレーを見る環境こそ、強化の最善手

今、日本では日本のトップ選手が出る大会は年に3回しかありません。また、二十四時間三百六十五日、卓球に打ち込める環境も国内にはないため、水谷選手のような男子トップ選手は海外リーグに行く。つまり、トップの選手のプレーが見られない。これは若い次世代の選手にはマイナスです。中国の若手にアドバンテージがあるのは、超級リーグがあることで、世界トップの選手を日頃から見ることができるし、場合によっては一緒に練習することもできたりする。だからTリーグでそういう場を作っていきたい。張本智和選手が強くなったのは、ずっとナショナルトレセンで水谷を見たり、一緒に練習できたことが大きいと思いますから。

それからリーグ参入の条件としてもう一つ、6歳以下のスクールを持つことも条件にしてい

ます。ジュニア育成、普及のためですが、これからはお母さんが一緒でなくても卓球をやれる仕組みを作らなければならない。クラブとしては地域に支えられながら若い選手を育て、オリンピックでのメダルを目指しながら地域の健康増進に貢献するという形が理想です。

今後、女子は2020年、中国相手にいい勝負ができると思いますし、金メダルのチャンスがある。男子も水谷が30歳を超えますが、張本がそれを追い越す勢いで伸びてきている。だから男子もメダル獲得が可能だろうと思っています。ただ東京五輪が終わった後に卓球が生き残るにはどうすべきか。そのために今、Tリーグを作るのです。

クロストーク

最も適したアリーナは国技館型

池田 Tプレミアリーグは男女それぞれ4チームということでしたが、男女両方を抱えるクラブもありますか？　また、地域はどのようになりますか？

松下 男女を抱えるクラブもあります。木下グループさんがそうなると思います。また、地域ですが男子が東京、埼玉、岡山、沖縄、女子が神奈川、愛知、大阪2チームとなりました。

池田 クラブ数はこれから増えていくんでしょうか。

全日本を9度制覇、水谷隼は男子のエースだ（©JMPA）

松下　多くても6チームぐらいでしょうか。10チームまではいかないと思います。卓球の場合、JリーグとBリーグの地域密着型と、野球のクローズド型を取り入れていこうと思っています。プレミアはトップ選手のもの。その下のT1、T2は、名選手はいないが地域と密着していく。サッカーのようにT1（2部）で1位になれば、すぐプレミア（1部）に入れますよ、ということにはならないと思います。地域のクラブを応援する人の気持ちを考えて、プレミアより下のT1、T2を地域に根ざして運営することで、サポーターを作っていきたい。

池田　入場料はどのくらいでしょうか。また卓球に適している会場はどんなところですか？

松下　1試合で2500円から3000円くらいですかね。また、卓球に最も適しているのは、国技館のような形状の、正方形でどこからでも球の行方が見られるアリーナです。満員で3000人くらいの規模が一番見やすいと思います。東京体育館くらいの広さになると（収容人数1万人）、端の席だと得点が入ったかどうか分からないこともありえる。大きなスクリーンを設置してもいいのですが、やはり間近で見られるような形がいいですね。

池田　海外リーグについて、松下さんがドイツでプレーしていたオクセンハウゼンという町は卓球熱が高いところとお聞きしました。どんなところなんですか？

松下　小さな町ですが、卓球好きの地元企業オーナーがメインスポンサーとなり、お金を集めて1部まで上がりました。町の活性化の一環として、卓球が盛んになった、ということでしょうね。他のスポーツチームはなく、ほとんどの人がアリーナへ足を運び観戦します。

池田　なぜドイツはそんな早くにプロリーグができて、広がっていったんでしょう。

松下　地域と密着する形のクラブ対抗戦がはじまりで、それが大きくなってリーグを作ってしまおうとなった。今では16部にまで広がっています。ドイツは小学生が大人と練習できる環境があるので、才能ある子が伸びるのが早い。日本は同じカテゴリーの選手同士でやるので一気に強くなることが少ないんです。エリートアカデミーも10年前は高校生同士でやっていたんですが、近年では海外経験のある選手がナショナルトレセンで練習することで、アカデミーの子たちがトップ選手のプレーに触れることができるようになりました。

池田　中国が国として強いのも、世界トップレベルの選手が多いからですか？

松下　そこは大きなアドバンテージでしょう。平野美宇がすごく強くなったのもリオ五輪が終わった後に、中国リーグでプレーしたのが要因だと思います。

池田　世界最強と言われる中国のリーグはどれくらいの国民浸透度なんですか？

松下　チーム数は男女10チームずつ。私もプレーしたことがありますが、選手が泊まるホテルは1フロア貸切でSPが警備している。街では街頭テレビで試合を観戦している多くの人たちが、誰が勝つか賭けていたりします。試合の日、選手のホテルと体育館の往復は、警察の先導でノンストップです。私がいた頃はそういうことが普通でした。

日本と中国の「教え方」の決定的な違いとは

池田　たとえばラグビーでは北半球は体が大きい、南半球はスピードがあるという特徴があって、日本はフィジカルで劣るから南半球型が適しているのかなと思いますが、卓球ではどうでしょう。日本が強くなったのは中国のいいコーチを連れてきたからでしょうか。

松下　それはあるでしょうね。中国は一貫して「勝つために必要な技術」しか教えない。日本には自分がやって楽しいとか、自分に合ったスタイルがあります。水谷なら台から離れてのプレーが好きだとか。ところが中国は「勝つためには台から離れたらダメ」という考えで、常に台に近いところで速い卓球をさせる。「楽しいからやる」という日本と、「勝ちたい」というところから入る中国の違いがある。そもそも日本では最初「ボールを見て打ちなさい」と教えますが、中国は「相手を見て打ちなさい」と教える。日本選手の方がきれいなフォームですが、実は卓球は相手のボールをいかに早く予測するかが大切で、相手のラケットの角度や体の向きなどを見ることが大切です。そういう意味で中国の教え方は理にかなっている。

池田　普及という意味ではどうでしょうか。野球人口が減っている理由を、野球界は「野球は道具が多いし、お金もかかるから、子どもたちがサッカーに流れている」と考えていますが、サッカー界もまた、サッカー人口が減少していると話します。これからは、今までマイナーと言われていたスポーツが6歳以下に狙いを定め、分散化が進んでいくのでは？

松下　卓球は3歳から100歳までできるスポーツですし、競技人口はまだまだ増やせる。卓球に触れる場所をもっと作りたいし、卓球をやることで健康になるとか、認知症予防になるとか、賢くなるとか、そういう側面を打ち出していきたい。Tリーグができて夢が追えるようになれば、よりいいですね。実は3歳から5歳の競技人口をいかに増やすかが、中国に勝つポイントかなと考えています。やり始めは早い方がいいので。

受講生　ファンが不満に思っているのはなかなか日本代表クラスの試合をテレビで見られ

ないことだと思いますが、Tリーグの放送はどうなりますか？

松下　現在のところ、私は地上波にこだわっています。例えば名古屋のチームと大阪のチームがやっても、東京の人は見ないかもしれません。ただ、名古屋に平野がいて、大阪に石川がいたら、東京でも地方でも見ていただけるんじゃないか。トップの選手を各チームに分散させて、地上波で放送してもらえるようにしたいです。

受講生　今後他競技と比べて、どういう差別化を図っていきますか？

松下　どこでもやっているかもしれませんが、例えば会場にＷｉ－Ｆｉを飛ばして、スマホで選手のスタッツを瞬時に見られたり、現実に起こっているプレーをスローで見られたり、ビールやグッズが買えたり……。いわゆるスマートアリーナ化は考えています。他にも相撲を参考にして砂かぶりシートを作ってみたり、さまざまなアイデアを形にしていきたいですね。

（２０１７年11月22日）

Koji Matsushita

１９６７年愛知県生まれ。日本人初のプロ卓球選手としてドイツや中国などのリーグに参戦。２００９年に引退するまで世界選手権12度、五輪は４大会連続出場。17年４月Ｔリーグ理事、９月専務理事

第15回

川淵三郎

Saburo Kawabuchi

（日本サッカー協会最高顧問、日本バスケットボール協会エグゼクティブアドバイザー、日本トップリーグ連携機構代表理事会長）

対談

すべては組織のガバナンスから

Jリーグ初代チェアマンとして、またBリーグ発足の立役者として、氏はスポーツの世界で何と戦い続け、何を変えようとしてきたのか

クロストーク

トップリーグ連携機構について

川淵　僕が会長を務めているトップリーグ連携機構は、サッカー、ラグビー、ホッケー、バレーボール、バスケットボール、ハンドボール、ソフトボール、アメリカンフットボール、アイスホッケー、このボールゲーム9競技の最高峰である12リーグの競技力向上と運営の活性化を目指す組織です。日本のスポーツ界は縦割りだから、横の連携をとって、日本のスポーツ界の発展のために協力し合っていこうということ。

なぜこれが作られたか。ボールゲーム競技の日本代表は五輪にほとんど出ていない。だから数えるほどしかメダルを獲れていない。直近で取ったのは、北京五輪でソフトボール女子日本代表の金メダル、ロンドン五輪でのサッカー女子の銀メダルとバレーボール女子の銅メダルぐらいで、あとはほとんどアジア予選敗退です。五輪が盛り上がるためにも、日本のボールゲームを強くしなければと、麻生太郎元総理、森喜朗元総理の肝入りでこの組織が作られました。

池田　各競技のリーグを強くするためには、プロ化が必須だと思いますか？」

川淵　バスケットボールがプロ化しましたけど、興行として成り立つなら、競技の強化にも直結しますし、可能な限りそういう方向にしたほうがいい。今、プロ化を進めているのはバレーボール。でも、なかなかうまくいかない。どのような形でプロ化するか、現状の観客数、入場料金、選手の年俸をどう変えていくか、そういった大枠の部分を企画・立案する人がいない。リーグ全体の経常的な把握ができていない。だから何を考えてプロ化と言っているのかよくわからない。今、日本バレーボール協会の嶋岡健治新会長と話し合って、進めようとしていきます。

たとえば現状は、バレーの試合を開くときに、日本バレーボール協会は自分たちで運営せずに、県のバレー協会に試合の権利を譲渡します。その分、お金をいくらくださいというやり方をしている。だから自分たちの実力がどれだけあるのかわからない。観客動員についても2割増を目標とするのか、あるいは選手年俸から考えて倍増が必要なのか、このあたりの読みがまだできていない。プロ化をすればなんとなく成り立つんじゃないか、というくらいの感覚でいる。定量的把握をせずにプロ化プロ化と言うだけだから話にならないんだ。

池田　BリーグやJリーグの立ち上げの時期と比べていかがですか？

川淵　どちらも自主運営をしていたから、状況を十分に把握はしていたね。サッカーの場合は日本サッカーリーグ（JSL）という実業団リーグが27年続いていた。当時発表されていた観客数はかなり水増しされていたけど、少なくとも入場料金など定量的な積み上げはあった。これをプロ化しない限りアジアで勝てないということで、イチかバチかでやったんです。正直、

Jリーグのチェアマンとして
（1993年撮影）

絶対に成功すると思ってやったわけじゃない。「失敗したってしょうがない。失敗してもサッカーは無くならない。いっぺんやってみよう」と思ってね。ただバブルの頂点で、地方の行政も企業も財政的なゆとりがあって、プロ化による地域の活性化への期待感があった。あのときバブルが弾けていたら、Jリーグなんて存在してなかったね。

池田　川淵さん自身、プロ化をいつごろから考えていらっしゃったんですか？

川淵　あんまり考えていなかった。JSLの各企業の若手が「プロ化しないと韓国に勝てない。韓国は10年前にプロ化しているから、なんとかプロ化したい」と検討していたんだ。僕はたまたまJSLの責任者になったけど、それは古河電工で左遷され、関連会社に出向させられたから。「サラリーマンとしての先が見えてしまった。ならば何か世の中に役に立つもの、価値のあるもの、これから自分がやれるものはなんだ」と考えたときに、サッカーだったんだね。

池田　今、Ｊリーグにお邪魔すると、すごい数の人がいて、大企業のようなイメージです。
川淵　ＪＳＬの頃は1部12チーム、2部16チーム。2部や1部下位の試合の観客は何百人かいればいいほう。プロ化する直前は、読売クラブにラモス瑠偉をはじめとしていい選手がいて、サッカーそのものは面白かった。あとは日産、三菱、ヤマハ、この4チームぐらいは面白かったけど、他はつまらなくてね。「何がプロ化だ、笑わすんじゃないよ。もっと面白い試合をしろ。バックパスばっかりするな」って口汚く罵ったぐらいでね（苦笑）。
ところがいろいろトライしていく中で、考えが変わった。選手に良い試合を見せろと言う前に、緑の芝生のグラウンドで、お客さんがたくさんいるところで試合をさせてやらないと観ていて面白い試合などできないんじゃないか、と。そして頑張った選手は給料が上がる、努力次第で社会的な地位も上がっていく、そういう仕組みを作らなきゃいけないと気づいたんだ。

Jリーグ草創期の感動は、選手のひたむきさが作った

池田　ピッチの整備、選手の年俸も含めたお金、そして観客動員。プロ化するとき、川淵さんは一番最初にどこに力を入れたんですか？
川淵　やっぱりお客さんをいかに増やすかが全てだね。Ｂリーグもお客さんがたくさん入ると選手も燃え上がるし、いいプレーができる。そしてマスコミが取り上げてくれれば、スポ

ンサーも応援しようとなって相乗効果で上がっていく。その原点は観客動員以外にないね。

池田　ベイスターズが弱かった頃、横浜スタジアムはガラガラで選手も正直「ミスしてもいいか」という雰囲気でした。それが満員になると火事場のクソ力のようなものが出る。

川淵　やっぱり声援の力は大きいよ。ボールが転がってタッチラインを割ろうとする場面でも、それまでは「このへんでやめておこう」だったのが、最後まで必死に追うようになった。Jリーグがスタートして選手のモチベーションがガラッと変わった。プロになってうまくなったというよりも、拍手や歓声に押されて、手を抜くことなくひたむきに走り回ったんだね。Jリーグ初年度に観衆が感動したのは、そのひたむきさだった。うまい下手は関係ない。

だから数年後、観客動員が落ちてきたのは、そのひたむきさが消えたことが一因だね。あともう一つ、勝つためには守備をしっかりする必要があり、各チームが守備的になった結果、ゴール前のきわどいシーンが少なくなった。開幕当初は1試合で40回も50回もゴール前で盛り上がる場面があった。ある人から「あの歓声は、どこかからスピーカーで出しているんですか？」と聞かれたくらい。ゴール前のきわどいシーンが少ないと、歓声が半減しちゃうんだ。

池田　当時と比べて、現在のJリーグは発展していると感じますか？

川淵　そこは文句なしだよ。今のJ2クラブは昔のJ1だったら優勝できるぐらいの実力だよ。プレーのレベル、うまさが違う。運動量も、Jリーグ以前は日本代表が国際試合で強豪相手にいい試合をしていても、残り10分でガタガタとなった。体力が80分しか持たなかったんだ。ところがJリーグが開幕して1週間に2試合やるようになった。それが体力強化につながって、代表が試合の後半、体力的にがくんと落ちて負けることはなくなったね。

すべてはガバナンスから始まる

池田　プレーのレベルとは別に、観客目線では、発展していると思いますか？

川淵　そこは問題がある。Jリーグ初年度の1試合平均観客数が約1万8000人、2年目が2万人。でも3年目が1万7000人、4年目が1万3000人、5年目が1万人と減っていった。その頃は、サッカーのマニアックなファン、固定客が7000〜8000人。そして浮動層が1万人ぐらいいたという見方です。固定客は徐々に増えたけど、浮動層が3年目以降一気にいなくなった。現在は、平均1万9000人弱。

池田　浮動層を取り込むために、コアな人の世界観じゃないところで、もっと一般に広めたいですね。「サッカーそんなに観てない」という人に足を運んでもらわなければならない。

川淵　ディズニーランドがいいお手本だね。リピーターが90％を超えている。しかしJリーグは観客の平均年齢が上がっている。新規の顧客を取り込めていないんだ。今は、41、42歳ぐらいかな。スタジアムでいうと、池田さんがベイスターズで本当にすごいことをやったなって思うのは、横浜スタジアムを自分のスタジアムにしたってこと。当時、横浜スタジアムには100人以上も地権者がいたはず。10人、20人に対してだけでも、「これを売ってくれ」という交渉が難しいことは、よく知っていたからね。

池田　地権者は全部で600人いました。4年かかりました。

川淵　いやいや恐ろしい人数だね。森ビルの森稔会長が六本木ヒルズを作るとき、住民を10年、20年かかって説き伏せたんだ。それを知っているから、すごいなと思って。

池田　最初は誰も僕を信頼してくれませんでした。「東京の変なIT会社から若造が来た」と言われましたから。まずは自分たちの身を正すのが最初だと思って、お客さんを増やしました。そうしたらスタジアム周辺も含めて街にも経済効果があって。街のバーのオヤジとかが「ユニフォームを着てるお客さん増えたよ」と認めてくれるようになって。その積み重ねで、4年かかってやっと「ハマスタも任せたほうがいいんじゃないか」って雰囲気になったんです。

川淵　そういう人が、今までスポーツ界にいなかったんだよね。やっぱり問題のある組織は身内ばかりでガバナンスをやろうとしている。日本ハンドボール協会にしても、同じ執行部が、7期14年もやっていたわけですよ。7期もやって何か前向きになったことがあるのかと。いっぱい問題があるにもかかわらず、責任さえ取らない。東京五輪まで理事もそのままの形でいたいなんて態度では改革になりゃしないってことで、僕が相当口出ししたんです。トップリーグ連携機構の評議委員会の時に、僕は各競技の協会長にこう言ったんだ。「みなさんはガバナンスがなっていない。だから僕が、みなさんとともに矯正し、改善し、改革する。開催国の特権で予選なしで参加できる東京五輪後に、また何十年もボールゲームで五輪に出られないっていうことは、あってはならないから。サッカーは、メキシコ五輪後に28年間も五輪に出られなかった。そういう経験をしているからこそ、一過性の強化じゃダメ。ホッケー、バスケットボール、バレーボールの男子チームはみんなそうでしょう。僕はこれからみなさんにいろいろ言いますけど、何か文句ある人は、言ってください」――そうしたら、誰も手を挙げなかった（笑）。だから今、各協会のガバナンス改革に取り組んでいるんです。

Bリーグの開幕試合で（2016年撮影）

池田　僕は野球界にしがらみもなかったし、素人だからできたんだと思います。野球という〝村〟の住人ではないのでそこに固執する必要もありませんし。お客さんを入れ、売り上げが上がり、選手にもっと給料を払えるようになって、プレーのレベルが上がって強くなるのが一番いい。そこだけ考えてやっていたので。野球という競技への理解度は低かったのですが。

川淵　競技に関する理解度はなくても大丈夫。バスケットボールのときの僕もそうでしょ？　バスケットに行ったときに、「日本バスケットボール協会（ＪＢＡ）が、サッカーに乗っ取られる」なんて言われたけど、そんな馬鹿なことがあるわけない。だから、ＪＢＡの理事会でも、理事や各チームの社長と、最初にガンガンやり合った。やっぱりしがらみがないのが一番だよ。普通は「ここを変更すると、あそこが」って、いろんな人の顔が思い浮かぶでしょ？　僕は顔が出てこないもの。そう考えると、やっぱり専務理事とか事務局長は、管理能力さえあれば、しがらみのない人がやったほうがいい。別にバスケットのことを知らなくても、事務局の運営をきっちりやることができて、いろんな工夫、アイデアを出していくことが重要だから。ただし、１人でやると孤立無援になるから、いかにうまく周りと協力し合うか。優秀な部下を連れてきたり、その組織の中にいる信頼できる部下を見つけて、一緒にやっていくことが大事だね。

バスケットボール界改革と日本相撲協会について

池田　そもそも本職のサッカーではなく、なぜバスケットボールに行ったのですか？

川淵　２０１４年の４月に、当時81歳だった小浜元孝さんという、元バスケットボール日本代表の監督だった方が突然僕を訪ねてきて、「このままいくと日本代表が10月に、国際試合出場停止になるので、なんとか2つのリーグ（NBLとb.jリーグ）をひとつにしてください」と頼まれたんです。初対面だったけど、日本代表監督まで務めた方が僕を訪ねてきているのなら、なんとか力にならなきゃなってことで、水面下で動き出しました。それで10月までいろいろやってみたけど、わかったのは「みんな自分勝手で、選手のことなど全く考えていない」ということ。「プレーヤーズファースト」の考えなんて、どこに行ったのかわからないぐらいの状況だった。なるべく良い方向に持っていこうと思って、縁の下の力持ちとして半年間は一生懸命やったんだ。怒鳴りたいことがいっぱいあったんだけど、肩書きや権限が与えられているわけじゃなかったから、我慢しながらね。でも結局、10月のタイムリミットがきてもリーグの統合ができなかった。その結果、11月のFIBA（国際バスケットボール連盟）の理事会で国際試合出場停止が決まった。それで本当に怒った。「俺の努力は一体なんだったんだ！」って。そんな矢先、FIBAのパトリック・バウマン事務総長が「なんとか日本の状況を改善するタスクフォースのチェアマンになってほしい」と声をかけてきた。そこで「改革できるのは僕しかいない」と、引き受けたんだ。リーグ統合の期限まで5カ月しかなかった。でも、長けりゃできるってわけでもないからね。期間が短いからこそ、トップダウンですべてやってやろうと思って、改めてバスケットボールに関わるガバナンスの勉強をすごくしたんだ。

池田　なぜ川淵さんは、サッカーでもバスケでも、トップリーグ連携機構でも、いってみれば「世直し」のようなことができるんですか？　流れでそうなっているんですか？

川淵　僕はすべてのスポーツが好きなんですよ。サッカーは好きだけど、野球は嫌いという人が理解できない。日本のスポーツがみんな良くなってほしいと真剣に思っている。それに、この年になって地位も名誉もお金もいらない。失うものもない。だから強いんでしょう。それにサラリーマンとしての30年の経験とJリーグでプロ化準備のためにさまざまな試行錯誤をしてきた実績があるから、この競技団体のどこが悪いのか、どうすべきなのかわかるんです。

池田　ちょっと『週刊文春』的なことを聞いてもいいですか？　川淵さんから見て、今の日本相撲協会のガバナンスはどう見えますか？

川淵　ガバナンスが全くなっていないという印象です。日馬富士騒動にしても、危機管理委員長が貴乃花親方について話したことを聞いていると、公平な立場で言っているとは思えなかった。今の相撲界において何が一番大事なのか。それはファンの信頼回復です。問題の整理と今後の対策について、箇条書きにでもして示すべきだと思う。そういった努力や今後への読みがあまりにもなくて、ただ漫然とその日暮らし、その場しのぎをしている印象だね。

池田　大相撲は、もっとアジアでも興行をできるし、もっと子どもとの相撲教室やふれ合いをやればいいと思うんです。ビジネスと競技を分けて組織を作ればいいのですが。

川淵　貴乃花親方は「相撲は土俵がなければできない」という考えじゃなくて、僕らが小さい頃に地面に円を描いて取っ組み合いをやっていたようなことこそ「相撲の原点だ」と言っていますよね。僕も相撲の本を読んで勉強したことがあるけれど、大相撲の仕組みってよくできているなと思う。給金直しとか十両からの給料制度とか。ただ、親方と部屋と協会との関係で「昔のままでいい」という意識がありすぎるのも問題。そこで貴乃花親方は「いろんなところを変えていきたい」と言っているんだけど、その変えたいところをもっと明確な形で示して、みんなに理解してもらう努力をしないと、改革の方向に進んでいきましょうとは、なかなかならないよね。以前貴乃花親方と対談した時に「ちゃんと変えるまで50年かかります」と言っていました。それぐらいの覚悟でやっていくしかない。

池田　そうやっていろんな業界、スポーツすべてのことを知りたいと思うんですか？

川淵　卓球のプロ化についても、この前松下浩二さん（Tリーグ専務理事、第14回講師）が相談に来てくれたけど、アリーナに卓球台を何台、どのように置いて見せるのかとか、そのへんがまだよくわからない。卓球界は今ほど強い選手が揃っている時代はないから、タイミング的にはいい。だけど卓球に適したアリーナがない。これは卓球だけじゃなくて室内競技全体に言えることだけど、日本では会場が体育館になってしまう。体育館は選手にとってはそれなりの設備が用意されているけど、観客の立場が考えられていない。座り心地のいい椅子があってトイレの数も揃っていること。飲食や物販も大事だし、観客のことを考えたどんなアリーナならば黒字経営で多くの人が来てくれるか、という発想が日本にはゼロだからね。以前、代々木第一体育館について調べたけど、1年のうちスポーツの使用日がだいたい120日で、中にはアマチュアの団体もあるから使用料はあまり取れない。一番儲かるのが音楽などエンターテインメントイベントで、だいたい200日近く。その200日ですごく儲けているからトータルで黒字になっているんだ。ということは、音楽業界とのコラボが最も大切だということ。

理想のアリーナ、スタジアムをどう作るか

池田　川淵さんはアリーナやスタジアムづくりで理想のイメージを持っていますよね。

川淵　たとえばガンバ大阪はパナソニックスタジアム吹田を使うようになって、4万人の観客が入るようになった。それまでは万博競技場で2万人が限界だった。プレーオフなど大事な試合ですら2万人。スタジアムを新しくするだけで平均観客数が1万人以上違う。スポーツには「する・見る・支える」という3つの要素があるよね。日本の場合は、この中でも「見る」と「支える」という文化が弱い。「見る」文化でいうと野球が断トツだけど、アメリカと比べたらまだまだ。アメリカの場合は入場料がやたらと高い。逆に日本はすごく安い。選手の年俸との兼ね合いは当然あるけれど、やっぱりもう少し入場料を高くできる工夫が必要だよね。

ファンの人が「高くなっても、まあいいか」と思ってくれるようなサービスをしないと。そういう意味でも、世界に冠たるアリーナが、日本にもできてほしい。実は沖縄に1万人規模のアリーナができる予定です。音楽業界の人ともいろいろとコラボレーションして音響も整備されている。イベントの運営上必要な、11tトラックがアリーナの中に入れる動線も準備されている。沖縄市の桑江朝千夫市長がすごく熱心で、理解があるんだ。でもこれからは民間でどんどんやってほしいね。ランニングコストに関しては、コンサート業界なんかとコラボすることで、確実に黒字経営できる流れになっていけばいい。ところで、ベイスターズのマーチャンダイジングは、1日にどれぐらい売り上げがあったの?

池田 年間で30億円ぐらいと聞いています。ネットでの販売も含めて。もともとは3億円だったのが、ここまで伸びました。

川淵 10倍はすごい。Jリーグは開幕当初、リーグでマーチャンダイジングを一括管理していて純利益で十数億円でした。委託会社からもらったのがそれくらい。最初の4年は儲かって儲かって仕方がなかった。それで日本全国に店を作りすぎちゃった。その昔、ダッコちゃん人形は品薄だったから売れたんだ。品薄が解消した途端売れなくなった。そのことをよく覚えていたから、「いっぱいあると売れなくなるから店を作るな」って僕は言ったのに、売り上げは5年間で10分の1にガタ落ちした。

池田　今のJリーグは、グッズに関してすごく弱いような気がしています。

川淵　音楽業界と比較しても、その差を痛感するんだよね。この前、東京ドームに行って、ジャニーズのアーティストのイベントを見て勉強してきたんだ。会場の外には、グッズの販売のテントがずらっと並んでいて、責任者に話を聞いたら、「お客さんが5人以上並ばないようにしています」と言っていた。お客さんは会場に入る時や、ちょっとした休憩時間、そして帰るときにグッズを買う。そこでいかに並ばせず、早く売るかが勝負なんだと。実際に売り場を見ていたら、テントの売り場が10以上もあって、本当に5人ぐらいしか並んでいないし、売れ筋を素早く察知して陳列を変え、数字を見てすぐに追加生産を中国に発注している。あれを見たら、Bリーグなんか素人だね。

池田　グッズについて、僕は広島カープの松田元オーナーから教わったんです。「グッズはファンとのコミュニケーションなんだ」と。売るものではなく、コミュニケーションという概念でグッズを開発するんだ、と。僕らは30億円でしたけどカープは50億円ですからね。

川淵　だからJリーグって、実力もさることながらビジネスとしてまだまだ伸びる余地がある。なんとなく今が常識だと思っちゃうんだ。常に上を見て、常に目標設定してガンガン行こうという人が出てこないと。そういう意味じゃ、プロ野球のほうがよっぽど前向きだよね。

池田　前向きになりましたよね。この4年ですごく変わったと思います。良い意味でベイスターズが変えた部分もあるし、みんなの意識が変わってすごく活性化した気がします。

川淵　横浜F・マリノスのスタッフにこの前、「ベイスターズの試合、観に行ってるか？」と言ったんだよ。勉強しているとは思えないからね。スポーツビジネスの分野では、アメリカが世界で一番進歩しているけど、日本の中にも学ぶべきところがいっぱいある。池田さん、今はJリーグの特任理事でもあるんだから、もっとガンガン発信してください。期待してますよ。

池田　はい。でも80歳を超えて、川淵さんのように夢を語れる人はなかなかいませんよ。

川淵　以前は80歳になったら仕事をやめて、好きなゴルフを毎日のようにしたいなと思っていたんだけど、今は「歳をとったからそろそろ引退してもいいか」と思わないようにしている。僕がやりたい、あるいは人から要求される限りは、とことんやってやろうという気持ちです。必要とされる限りはどこまでもやりますよ。

（2017年12月7日）

Saburo Kawabuchi

1936年大阪府生まれ。早大、古河電工サッカー部でプレー。日本代表監督を経て91年初代Jリーグチェアマン、後に日本サッカー協会会長。2015年、男子プロバスケットボールのBリーグを創設

第16回

大橋秀行

Hideyuki Ohashi

（ボクシング元WBC／WBA世界ミニマム級チャンピオン、大橋ボクシングジム会長）

対談

日本ボクシング界の「今」と「これから」

新黄金時代を迎えた日本ボクシング界。怪物・井上尚弥をはじめ、幾多の世界王者を育ててきた氏が語る、普及や興行をめぐる課題とは

クロストーク

はるかなるボクシング黄金時代

池田　実は私、ボクシングをやっているんです。最初はキックでしたが、足を蹴られると仕事できないと思ってボクシングを始めたらのめり込みまして。国体の会場で大橋さんを見かけて興奮したりして。その後ベイスターズの社長になってからもスパーリングを続けていました。2014年に井上尚弥選手に始球式に来ていただいたときにお話をしたんですよね。

大橋　井上は高校時代から怪物的な強さを誇っていて、プロ入り時にどのジムに所属するかが話題になっていました。プロ野球でいえば7球団がドラフト1位で指名しているような状況。その中で私が最後に手を挙げましたが、トレーナーをしているお父さんが誠意を感じてくれて、うちを選んでくれました。正直、自分が世界王者になった時より嬉しかったです（笑）。

まず、ボクシング界の現状を、少し歴史を振り返りながらお話ししましょうか。

私が世界タイトルを獲得したのは1990年のことです。当時は日本人が世界戦で21連敗していて、それを止めたということで話題になりました。実はそのタイトル戦の4日後にマイク・タイソンが東京ドームで2度目の試合をして、ジェームス・ダグラスに倒された。当時は鬼塚勝也や辰吉丈一郎が出てくるところで、その頃からしばらくが黄金時代だったように思い

現役時代の大橋氏。150年に1人の天才と呼ばれていた

ます。先輩は「昔の方が人気があった」と言いますが、当時は世界タイトル戦1試合だけでゴールデンタイムの地上波が成立した。今はダブル、トリプルじゃないとオンタイムで放映してもらえない。王者認定団体が4つになったことで、王者が増えた分、価値が落ちてきたんです。

プロライセンス保持者の数も、1990年が1500人だったのが毎年増え、2004年がピークで3600人。そこから落ちて今は2300人くらい。私がジムを開いた1994年、練習生の9割がプロ希望でしたが、今は逆で9割が健康維持やダイエットのために来ています。

池田　プロ志望者はどんな人なんですか？学生時代からやっている人が多いのでしょうか。

大橋　いろいろなパターンがあります。喧嘩が強くて、腕試しということでくる人や、いじめられていて、それを克服したいケースもある。サラリーマンで、テレビを見ていてやりたくなったという人もいます。今、ライセンス保持者で試合をする人は約半分。試合を避ける人が多い。ライセンスをとって飲み屋で自慢したい。そういう人がたくさんいるんです（笑）。

池田　プロ野球選手は野球で生活していく人たちですが、プロボクサーはいかがでしょう。

大橋　ボクシングだけで食べていくのは至難の業です。3％くらいでしょうね。日本王者になっても食べていけないし、世界王者になってもしばらくはバイトしていた選手もいます。

ボクシングをとりまくビジネス事情

池田　世界王者になるとファイトマネーはどれくらいもらえるんですか？

大橋　ピンキリですね。一番安い人は300万円ほど、井上クラスになると4000万円以上いきます。これから海外で戦うようになれば、それ以上まで行けます。

池田　ファイトマネーは誰が決めて、選手は何割もらえるんですか？

大橋　プロモーターが決めて、マネージャーに33％渡るという取り決めがあります。日本におけるプロモーターはジムの会長や関係者で、入場料や放映料などで稼ぐわけです。ただ日本のボクシング界で興行を黒字にできる人はほとんどいません。後楽園ホールを満員にしても入場収入は2000万くらい。1つの世界戦をやるのに5000万円かかりますから。世界戦も深夜枠で放映されたりしますから放映権料が低いんです。

池田　世界戦の場合、相手選手が日本に来る費用なども負担するんですか？

大橋　こちらが挑戦者なら王者のファイトマネーや交通費も負担します。試合日の2週ほど前に来日するので、帰国までのホテル代、食事代や送迎など全部です。かなりの負担です。

池田　プロボクサーのセカンドキャリア、というのは、どんな状況でしょうか。私の認識では、野球界だと選手は引退後、監督やコーチになれるのが一番いい。それがダメならスカウトなど球団スタッフ、次にアマ野球の指導者、その次がタニマチさんの会社にお世話になる。そしてそれがダメなら飲食店経営という、なんとなく引退後の道筋がありますが……。

大橋　ボクシング界はありませんね。ただ、ボクサーは現役時代から他の仕事をしているから、それを生かして成功する人も結構いるんです。4回戦、6回戦どまりで芽が出ずに終わった人の方が成功しているかな。逆に元世界王者で、他の業界で成功する人は一握りですよね。

池田　プロ野球は「お金がグラウンドに埋まっている」と言われますし、プロになると年俸1500万円もらえて、1軍定着で3000万、活躍すると5000万、1億になっていく。その道筋が見えている。確かに井上選手はすごいけれど、ロールモデルはどこなんだろう。

大橋　今ジムに来てる人たちは全員が全員、世界王者を目指しているわけではありません。新人王だったり、練習することが目標だったり、1試合やりたいとかだったり。

池田　僕の場合、ボクシングを始めた頃は自分の仕事に嫌気がさしていて、スパーリングがやりたかったんです。のめり込んで試合にも出ました。二度と試合はしないと思ったけど(笑)。あの緊張感はすごい。駆け引きが楽しいんです。もともとは『元気が出るテレビ!!』の「ボクシング予備校」(1990年)で、ボクシングに興味を持ったんですよね。

大橋　『ガチンコ!』という番組の企画「ファイトクラブ」があった頃(2000~2003年)も不良っぽい人がたくさんウチに来ました。あまり続かなかったけれど(笑)。

池田　ジャニーズのタレントが、「ファイトクラブ」みたいにやれば、すごく人気がでると思うんですけどね……。今後、ボクシングはどうなっていくんでしょうか。

大橋　正直、地上波でのボクシングはなくなる、という実感があります。そこで苦労する。

池田　会場としてはやはり後楽園ホールが一番いいんですか?

大橋　いいサイズですが、世界戦だと狭い。ただ有明コロシアムだと広すぎる。形としてはすり鉢状がよくて、日本の体育館の多くは音が横に逃げて声援がリングまで届かない。

池田　例えば5000人の会場を満員にすれば……。

大橋　一概には言えませんが、赤字にはならないでしょうね。

池田　その場合、ファイトマネーはいくらくらいになりますか?

大橋　テレビ放映、スポンサー、全部好条件が揃えば4000万から5000万円でしょうか。興行の利益は、内容によりかなり差があります。

フェイスブックで、対戦相手をブッキング？

池田　日本プロボクシング協会の役割はどのようなものですか？

大橋　私は２０１０年から16年まで会長を務めましたが、基本的には各ジムの意見を交通整理するのが主な仕事でした。理事が20人程いてその中から会長が決まるシステムは相撲と一緒ですが、内実は違う。ボクシング協会は商店街の元締めで、各ジムが各店舗を経営している

大橋　私は２０１０年から16年まで会長を務めましたが、

池田　大橋さんは指導者として、川嶋勝重さんや八重樫東選手、女子の宮尾綾香選手、そして井上選手と世界王者を育ててきましたが、井上さんは中でも別格でしょうか。

大橋　そうですね。私は小学生でボクサーに憧れて、その時に理想を描いたんですが、あの頃の私の理想が、まさに井上尚弥そのものです。高校でインターハイに勝って、世界王者に

なって、2階級制覇してアメリカで引っ張りだこの王者になる、という。正直強くなりすぎて大変なこともあります。対戦相手がなかなか見つからないんです。八重樫ぐらいだと、ファイトマネーを出してもいいから対戦したい、という外国の選手がいるのですが（笑）。

池田　この間、フェイスブックを通じてマッチメークをやったとか。

大橋　井上が強すぎて、本当に対戦相手がいなくて困っているところに、フランスの選手からフェイスブック経由でオファーが来た。英語がわからなくて、伝わっていないことがいっぱいあったんですが、よくできたなと思います。相手選手がちゃんと飛行機に乗るまで、不安で何度も確認しました。それでも不安だったので、対戦したいと名乗り出たメキシコ人選手に「万が一フランス人選手にキャンセルされたら、ある程度のファイトマネーを払うから準備しておいてくれ」と頼んだんです。そんな事態はボクシングの歴史始まって以来じゃないかな。一方で、井上のようになると海外からいい条件で、こっちに来て試合をやってくれというオファーもある。それも初めての経験だから、楽しいです。

池田　そうなると、次は海外で、スーパー王者をはじめとした強豪との試合を？

大橋　そうしたいですね。フィリピンのマニー・パッキャオがアメリカで強敵をバッタバッタと倒して、国民的英雄になりました。ああいうことを尚弥でやりたいし、それをやらせるのが私の使命。私たちの時代は、世界王者はボクシングにしかいなかったし、野茂英雄もメジ

井上はプロ6戦で世界王者に。3階級制覇も目前だ（© 山口裕朗）

ャーリーグに行っていなかったし、海外で活躍するプロサッカー選手もほとんどいなかった。今はボクシングのレベルとしては昔に比べて絶対に高いけど、他のスポーツ選手が外国で活躍していますよね。ボクシングもそういう方向に行かなくてはいけない。だからラスベガスでやったり、村田諒太選手が統一戦をやったり、究極的にはヘビー級王者を出すことだと思います。

池田　井上選手はどの部分が強いのですか？

大橋　ハートが強いんです。どこに行っても戦うことをなんとも思っていない。じつは一番心配したのはデビュー戦です。どんな選手でも試合をやるまでわからないものですから。でもデビュー戦で彼は、入場曲のサビの部分になるまでリングに上がるタイミングを待っていた。そういう余裕がある選手はいなくて、これは大丈夫だなと。世界戦でも全く動じていない。海外で試合に勝って、帰国する時にはホテルにベルトを忘れてくる。図太いんですね。

池田　海外で試合する時はどんなものを持っていくんですか？

大橋　アメリカに行った時は尚弥に頼まれて、スッポンスープを持っていきました。うなぎもレトルトパックで何人ものスタッフに分けて持って行かせました。誰かが空港で没収されるかもしれないと思ったんです。でも没収されなくて、うなぎだらけになりました（笑）。ホテルでは自炊もします。トレーナーであるお父さんが雑炊を作るんです。最近では試合前は炭水化物中心でうどんやスパゲッティなどを食べます。私のころは「ステーキ食え」ってよく言われました。血の滴る肉を食べて、気持ち悪くなって戻したりしていたんです。よく調べたら、そんなもの食べている人いなかった（笑）。計量の仕方も昔は当日の朝に計量しましたが、今は前日計量に変わったのでだいぶ回復できます。井上も普段は体重が60kgを超えていますから（スーパーフライ級は50・80〜52・16kg）、スパーリングの相手も（4階級上の）スーパーフェザー級くらいです。ある時、井上がボディを打ったら、ガードした相手の腕の骨が折れちゃったんです。減量がない時の尚弥はそれぐらい強いんです。

池田　何階級制覇までいけますか？

大橋　フェザー級くらいまでは問題なくいけると思います。5階級制覇は「最低」ですね。

ただ彼の目標は何階級制覇とかではなくて、35歳まで続けることが最終目標なんですよ。

池田　強い相手とラスベガスでやりたいという野望は。

大橋　それは常にあります。それをやりながら35歳までやるということでしょう。

池田　パッキャオもメイウェザーもいなくなった今、注目すべき選手は誰なんでしょうか。

大橋　ワシル・ロマチェンコ（スーパーフェザー級）ですかね。ボクサーから見て、世界最高と言われています。打たせないで打つという究極のボクサー。彼と戦うとどんな強い相手も戦意喪失してしまう。パンチが当たらないんです。ダウンはさせられないんですが、いわば蛇の生殺しです。こういう勝ち方を業界では「ロマチェンコ勝ち」というんです。

池田　今ネット上では、井上対那須川天心（キックボクシング）が見たいと言われています。

大橋　那須川は強いです。ボクシングやっても世界王者になれます。これまで3戦目での世界王者というのが最速記録なんですが、ロマチェンコが2戦目で世界戦に挑んで負けているんです。もしその記録を破れるとしたら、那須川がボクシングをやった時じゃないですかね。

プロボクサーにはストーリーが必要だ

受講生　週1回、週末に小さなホールで、数試合でいいので国内選手同士で試合をする。「毎週やっているボクシング」はビジネスモデルとしてどうでしょうか。

大橋　週1回というのは厳しいかな、と思います。ボクシングの興行は、たとえば後楽園ホールでやる場合は最低32ラウンド組まないといけない、という決まりもありますし。

受講生　大橋会長は選手として世界王者になり、指導者としても世界王者を育てました。選手時代、将来指導者になることについて、意識していたことはありますか？

大橋　私はヨネクラジム所属でしたが、よく米倉健司会長とテレビ局やスポンサーの交渉の場に同席させられて交渉の仕方を見ていました。後で考えるとそれが大きかったと思います。

池田　日本ボクシング界といえば、帝拳ジムの本田明彦会長が圧倒的な存在感を見せていますよね。ボクシング界でなくても、上場企業の社長をやっていておかしくない。

大橋　タイソンを東京ドームに2回連れてきた実績もありますし、世界からの信用もある。本田会長の凄さは海外で試合をするとわかります。世界で3本の指に入るんじゃないですか？

受講生　ボクシングは個人がフォーカスされるスポーツです。だんだん地上波がボクシングを放映しなくなった今、個人のストーリーが一般の人に伝わっていないと思います。

池田　プロレスのWWEなどはネームバリューにかかわらず、試合の前から終わりまでストーリーをつくっていますよね。

大橋　ストーリー仕立てにするというのはボクシングはなかなか難しい。先程の『ガチンコ！』の「ファイトクラブ」が答えに近いのかな。練習の状態を生で流したりとか、スターづくりを協会もやっているんですけど、なかなかうまくいかない。それにボクシングは「いい試合だった」というのは全体の2、3％。真剣勝負でやるとどうしてもそうなる。世紀の対決だ！　盛り上がるぞ！と煽っても、結果として世紀の大凡戦になってしまうこともある。

池田　TBSドラマの『陸王』を見て、走ろうと思った人がたくさんいたかもしれません。ああいう方法もありますよね。でも、それが大橋さんの仕事かというと疑問ですが（笑）。

大橋　今の私の仕事は、とにかく井上を羽ばたかせることです。2016年に協会長をやめたのも、井上に力を注ぐためですから。それがボクシング界の発展のためだと思っています。

（2018年1月18日）

Hideyuki Ohashi

1965年神奈川県生まれ。中学でボクシングを始め85年プロデビュー。90年WBCミニマム級王者に。94年引退と同時に大橋ボクシングジムを設立。2010～16年まで日本プロボクシング協会会長

第17回

堀江貴文

Takafumi Horie

（実業家）

対談

スポーツはビジネスチャンスにあふれている

2004年の球界再編騒動の中、なぜ彼は球団買収に動いたのか。
アイデア満載、忖度しないホリエモン流スポーツビジネスのススメ

クロストーク

ダイエーホークスの関係者に「球団を買ってくれ」と持ちかけられた

池田　堀江さんとスポーツ、といえば、まずは2004年の近鉄バファローズ買収の話をどうしても聞かなければなりません。当時、球団買収の何が魅力的だったのでしょうか。

堀江　それはもう、球団を持つことで得られる、圧倒的な知名度です。

1999年にiモードがパケット通信を使って疑似同時接続のようなことを始めて以降、それまで法人向けビジネスがメインだったインターネットの世界が個人に開かれました。そこでネットもブランディングが大事になって、オン・ザ・エッジというネット関連の会社をやっていた僕も社名やサービスをどうPRするか試行錯誤していました。民事再生を申請していたライブドアを買い取ったのに、社名をライブドアにしたのもインパクトのため。株式100分割のアイデアも当たって知名度は飛躍的に伸びました。他にもWPCエキスポのノベルティでオリジナルうまい棒を10万本作ったり、当時はPRオタクみたいにいろいろ考えてました。

その頃、当時のCFO（最高財務責任者）が大の野球ファンで、「会社がでかくなったら野球チームを持ちたい」と話していたら、ダイエーが潰れたんです。実は当時、ホークスの方から「うちを買収してくれませんか」と言われたこともありました。さすがにホークスは買える規模じゃなかったけど、他に買える球団はないかなと調べたら近鉄が買えそうだった。

池田　その頃、会社の売上はどのくらいだったんですか？

堀江　40億〜50億ぐらい。だから近鉄なら買えるかな、という規模でした。そこでオファーを出しつつ、調べ始めました。スポーツ新聞の1面は1年の8、9割が野球。テレビもほぼ全局がプロ野球のニュースを毎日放送する。12球団だけだから露出も多く、社名も出る。たとえばオリックスはもともと「オリエント・リース」でしたが、阪急ブレーブスを買収して「オリックス」に社名変更した。それまではピンとこなかったけど、「オリックス」、立派な会社だと感じますよね。ブランディング効果で得られる信用ってすごいなと。さらにいえば、昔は高校野球や大学野球の方が人気があって、プロ野球の人気が出たのは長嶋茂雄さんが巨人に入団したことがきっかけだった。あのとき、「プロ野球＝巨人＝ナベツネ」なんだと気づいて渡邉恒雄さんのところに挨拶に行っていれば、もしかしたら買えていたかも（笑）。ただ僕の中では、「（近鉄を）買います」と言ったことで目的はほぼ達成されていて、そこまで考えが及んで

スタンドで近鉄ファンに囲まれる
（2004年）

いなかった。
池田　近鉄、いくらぐらいで買えそうだったんですか？
堀江　20億ぐらい。
池田　本当ですか？　今ならもっとかかりますよ。
堀江　それはプロ野球球団の価値が顕在化したから。当時は顕在化してなかったので安かった。プロ野球なんか、誰も見向きもしない衰退産業だと思われていましたから。

ロジャー・クレメンスを呼んでくることになっていた

池田　僕らがベイスターズを買った時は80億〜100億程度でしたが、誰も買いたくなくて、買った後も横浜の人はしばらく誰も見向きもしてくれなかった。完全に負け戦だと言われていましたよ。それが今では、おそらく200億〜300億かかっても買えないでしょうね。
堀江　買った時に、「モバゲーベイスターズ」にしようとしてましたよね。しなくてよかったね（笑）。あれはナベツネに感謝だね。
池田　あの人、センスあるんです。「モバベーだかなんだか知らないけど」って、彼の言葉が新聞の1面にドーンと載って、実はそれで一気に認知されました。そしてDeNAベイスターズにしたら知名度が上がって、ロゴもブランド変更して……。ナベツネさんのおかげです

近鉄買収断念後は新球団でのプロ野球参入を目指したが叶わず

（笑）。

もし、堀江さんが球団を持って、あの当時にやりたい放題できていたら、もっとプロ野球は盛り上がっていたと思います。僕の場合は、DeNAがなかなかお金をポンポン出してくれませんから、自分でキューバに行って、比較的安くていい選手を獲得したりしましたけど……。

堀江　僕は当時、ロジャー・クレメンスと契約する予定だったんです。キャリアの最後を日本で華々しくやってくれと言って。クレメンスが来たらそれだけでいいじゃないですか。

池田　今はスポーツ関連の買収に興味はないんですか？

堀江　1つの球団をオペレーションすることはやりたくないかな。いろいろなことをやりたいので。お金とやる気がある人がいたら手伝います……という程度ですかね。でも、スポーツは観ています。Jリーグのアドバイザーをしていて、昨年のアジアチャンピオンズリーグ決勝戦は観に行きました。面白いとされているスポーツを調べるのが好きだから、他にもいろいろ行きますよ。プロ野球は今だと買収よりも新規設立の方が面白い。16球団化構想もありますよね。4球団増やしたほうがポストシーズンの放映権が高く売れる。それをまた各球団に分配できるしね。僕が仙台に球団を作ると言った時には心配の声も上がりましたが、今、実際に楽天さんが余裕でできている。四国や北陸、東海など、あと4チームは作れますよ。

また、僕らのときから新規参入ルールが明瞭化されました。ある一定の条件を満たしたら、NPBは受けつけざるを得ません。例えば四国に新しいプロ野球球団が出来るとしたら、少なくとも四国の世論はほとんど追い風でしょう。絶対にうまくいくと思うんですよ。

池田　四国の方々が「プロに参入したい」と言ってしまえばいいのに。

堀江　今、大きな独立リーグは四国アイランドリーグPlusと北陸などのBCリーグがあって、ともに母体となりえます。四国アイランドリーグのオールスターがNPBの2軍といい勝負です。最初は下位かもしれません。でも、弱かった楽天も何年かでAクラスになって、最終的には日本一になった。そういうチームになることは可能だと思う。

池田　堀江さんがすごいなと思うのは、そういう話を忖度せず、隠さずに明言すること。

そのへんのメンタリティは一体どうなっているんですか？

堀江　基本、全部言ってしまうんです。いいアイデアを思いついたな、と思ったら言う。そうすることで、いいことがいっぱい起こっていく。たとえば、現在行っているロケットを作る事業では、（インターステラテクノロジズ株式会社の）初代社長は元々音楽業界の方で、本当はロケット作りたいんだけど、なかなか作れないから音楽業界でいろいろやられていて。そんな時に、僕が音楽業界で働いている知人に「ロケットを作ってるんだよね」という話をしたら、「ロケットを作っている人がいるけど紹介しようか？」という経緯で知り合った。予想外のつながりから現実が動くことがある。だからアイデアは多くの人たちに話す。これはいわゆるオープンソース的な考え方で、僕はそっちの方を信じているんです。インターネット自体もオープンソースだったから短期間にイノベーションが進みました。ミクロの視点でいえば、プロ野球は楽天に持って行かれて、当時「社長、悔しくないんですか！」って泣いてる社員もいたけど、「いいんじゃない？　僕らはできないけど、少なくとも既存の球団よりマシでしょ。世の中よくなったじゃん。それはすごくいいことだよ。僕らは次、行こうぜ！」なんて話しましたね。

東京23区内にJリーグのクラブを！

池田　今、Ｊリーグはどうですか。なかなか伸びきれていない印象があります。

堀江　ＦＣ東京に怒られてしまうかもしれないけど、東京23区内にビッグクラブが一つもないのは大きな問題だと思う。Ｊリーグは１９９３年の開幕時がピークだと思っているんです。今、日本人１億２０００万人に「Ｊリーグで一番知ってる選手は？」と聞いたら、きっとカズさん（三浦知良）でしょ。50歳を過ぎても現役ですごいのはわかるけど、カズさんがいまだにトップというのは、けっこう問題だと思うんです。

池田　フランチャイズや、チーム名に企業名を出さないことも関係ありますかね。

堀江　企業名を出さない哲学を貫き通すのはいい。ただ、それもあって結果的に都心にクラブを持てなかったわけです。もちろん当時は土地バブル最盛期だったので、都心に専用スタジアムを作ることは無理だったかもしれませんが。だから僕はアドバイザーになった当初から、「とにかく都心に東京ダービーをやれるようなチームが２つ欲しい」と訴え続けています。

池田　やっぱりヴェルディですかね。30〜50代の中での記憶が強いクラブですから、復活劇が見られたらすごい。それが都心に来てホームスタジアムを持てたら、結構なパワーになるんじゃないかな。

堀江　Jリーグはお買い得です。みんな信じてくれないけど、ヨーロッパのクラブより10年後、15年後はアジアのクラブのほうがパワーを持っていると僕は確信しています。パワーとお金が違いますから。トップダウンで決断できて、お金のある新興企業のオーナーがアジアにはたくさんいる。Jリーグも最初はそうでした。マネーでジーコやリネカーを引っ張ってきたじゃないですか。今はヨーロッパから中国などアジアのクラブに選手が移籍していますが、彼らは北京や上海やバンコクでやるよりも、子どもの教育問題や食住環境の問題を考慮すれば日本で、東京でプレーしたい。クラブが10年で10倍の時価総額になることもありえます。

池田　実は、いくつかチームを買う話はありましたが、話が分かる人がいませんでした。みんな気づいていないところに価値があるんですけどね。ただ、現代スポーツは基本、クラブと施設がセットです。バスケだって本当は体育館ではなくアリーナでやるべきだし、サッカーも陸上競技場ではなく専用スタジアム。野球場もドームじゃなく天然芝がいい。そういったことをすべて自分たちのキャッシュでやる必要があるから、サッカーと野球は予算規模がどうしても大きくなってしまいます。でもバスケはアリーナだから10億あれば1チーム買えてしまう。でも、そういう話をしても分かる人がいなかった。そもそも「チームを持つ意義って何ですか？」「本業はスポーツじゃないので」と言い出すところもあって。DeNAも最初は認知度ゼロでした。でも、今やもうみんなが知っているわけです。社会的ステータスが上がり、それこそ学生の親御さんも知っているから新卒社員が増える。どんなスポーツにもそういうチャンスがあるわけです。

ビットコイン長者がスポーツ界参入？

堀江　ロケットもそうですよ。打ち上がるまでに何十億もかかるけど、誰も理解してくれないので自己資金で用意するしかない。電気自動車のＴＥＳＬＡを作ったイーロン・マスクがスペースＸという民間宇宙ベンチャー企業を設立して大成功しましたが、彼も最初に１００億〜２００億という自己資金を突っ込みました。先が読める読めないの話でいうと、ビットコインがまさにそう。４年ぐらい前に、僕はビットコインの取引所とかいろいろ作ってＩＴ企業の経営者に「ビットコインの取引所やりましょうよ」って持ちかけたけど、みんな「怪しい」って言うんです。その時作っていたらめちゃくちゃ儲かっていたのにね。池田さんも、もし3年前にビットコインを５００万買っていたら、70億になっていましたよ。

池田　時すでに遅し、ですけどね。

堀江　チーム買えてます。でも、これからはビットコインで儲けた人がスポーツビジネスにも参入してくるかもしれません。やっぱりマネーは、規制に守られた金融機関に眠らせておくと、モゾモゾとしか動かない。中央銀行などの強い規制から金融を非中央集権化（ディセントラライズド）する、というのが仮想通貨、暗号通貨の根底にある思想です。時価総額100億円でIPO（新規公開株式）して資金調達しても、調達額は10億未満だから、ICO（仮想通貨を活用した資金調達）の方がお金、集まるかもしれないしね。

池田　先日もトルコのアマチュアサッカークラブが選手をビットコインで獲得した、というニュースがありました。これからそういうことが増えてくるでしょうね。

ゴルフ、eスポーツ、そして麻雀？

堀江　最近、AbemaTVがJGTO（日本ゴルフツアー機構）のチャレンジトーナメントの年間特別スポンサーになりました。AbemaTVが全戦中継するんです。放映権自体が価値を持っているので、あれは面白い。ゴルフのポテンシャル、相当あると思いますよ。

池田　困っている業界、伸び悩んでいる業界、マイナースポーツにチャンスがありますよね。

堀江　「助けてくれ」と思っているところの方が入りやすい。今はマイナーだとしても、プロモーション次第で変わりますし。eスポーツも盛り上がってきましたしね。スポーツかどうかはさておき、麻雀の中継をAbemaTVが始めたら、美人女子麻雀プロのマーケットが急拡大しました。グラビアで売れなかった子でも、頑張って麻雀強くなったらプロになれて人気が出る。実はプロは、強くなくても筆記試験に通ったらなれるんです。マナーもよくて点数計算できて、気遣いもできる女子プロと打ちたい人が増えている。地方の雀荘に営業で行くと、週末稼働で5万〜10万になり、仕事として成立する。ここで大事なのが、ネットテレビや媒体に出ていること。それだけの価値でマーケットを拡大できる。将棋も可能性ありますね。

受講生 八ヶ岳に、BMX（バイシクルモトクロス）／MTB（マウンテンバイク）の現役プロライダーが日本唯一の競技場を作りました。認知度が上がらず各地でジャンプショーを開催していますが、自己資金に限界もあり、現在ICOを考えています。もう少しICOの利点を教えていただければ。

堀江 いくら集めようと考えているんですか？

受講生 最低でも1億は、と考えています。

堀江 1億ぐらいだったら普通に集めた方がいい。ICOは法的リスクもありますし、買った方々のケアも大変なので、その規模であれば投資家にお願いし倒して集めたほうがいい。

池田 20億を超えると大変だけど1億ならその方がいい。自転車が好きな方、いますしね。

受講生 でも、本当に少数で苦戦しています。世界基準だと、モトクロス競技場のコースのカーブはアスファルトでできているけれど、1つ作るのに300万かかります。

堀江 マイナースポーツを支援している会社を調べると、チャンスがあるかもしれません。

受講生　横浜のみなとみらいに大きな卓球カフェがあります。そこで高齢者のリタイア組が卓球を楽しんでいて、面白いマーケットだなと見ているのですが、高齢者のマーケットに今後、どのようにアプローチしたらいいと思われますか？

堀江　鹿児島にあるA－Zスーパーセンターは、商圏に5万人住民がいないと成立しないとされる業界の常識を破って、2万人の阿久根市で営業している巨大スーパーです。そこは、高齢者の送り迎えをやっていて、彼らはスーパーに「人と触れ合う」ために来ています。僕の友達の母親はスマホの使い方を教わるために、わざわざ車で20分かけて行く。本当は喋りに行きたいけれど、「私は喋りに行きたいんじゃなくて、スマホを教わりに行ってるの！」と言い張る。行動のよりどころとなる正当な理由があるから行くんです。大義名分が大事。ですから、同じように「卓球をする」言い訳を考えてあげればいいと思います。（笑）。

（2018年1月31日）

Takafumi Horie

1972年福岡県生まれ。SNS株式会社ファウンダー。宇宙ロケット開発、予防医療普及協会創設など多方面で活躍。国内最大級のオンラインサロン「堀江貴文イノベーション大学校」を主宰している

第18回

池田純 Jun Ikeda

（ジャパンエスアール CBO（チーフ・ブランディング・オフィサー））

青山ラグビーパーク化構想と、サンウルブズ活性化計画

「青山ラグビーパーク化構想」は観戦スタイルを変え、スタジアムを満員にするアイデア満載。受講生のプレゼンも白熱して……

＊本講義には特別ゲストとして、渡瀬裕司氏（ジャパンエスアールCEO）も登壇。司会として松井一晃「スポーツ・グラフィック ナンバー」編集長も議論に加わった

プレゼンテーション

サンウルブズは、ラグビーの未来を作る鍵である

今回はスーパーラグビーのサンウルブズを運営するジャパンエスアールのCBO（チーフ・ブランディング・オフィサー）としての立場で、「青山ラグビーパーク化構想」をベースに話を進めます。特別ゲストは、ジャパンエスアールCEOの渡瀬裕司さんです。

まず、私がサンウルブズで何を実践したいのか。基本的には、横浜DeNAベイスターズで実現させたことと同じです。

まずラグビーの観客動員について。南アフリカに大逆転勝利を収めた2015年のワールドカップ後も、思ったようには増えていない現状があります。17年11月4日の日本代表対オーストラリア代表のテストマッチでも約4万3000人。招待客も多かったと聞きます。日産スタジアムの7万人というキャパシティを考えると物足りません。だからといってトップリーグに人が集まっているかというと、そうでもない。では、どうすればラグビーは盛り上がるのか。

たとえば2015年のワールドカップでは、日本代表の健闘とともに五郎丸歩選手のルーティンが話題になりましたが、その後ファンはついて来ませんでした。しかし、その先に観るべきラグビーを積極的に提示していれば、ファンはついて来てくれたのではないかと思うのです。

そこでキーになるのが、サンウルブズという存在です。サンウルブズは国内で唯一のプロチームです。スーパーラグビーという南半球のラグビー強豪国のプロチームで構成されるリーグの一員であり、野球でいえば、MLBの中にNPBの1チームがあるようなイメージ。サッカーでいえば、欧州チャンピオンズリーグの中に日本のプロチームが入っているような状態です。2018年2月から始まるシーズンでは、このサンウルブズと世界のトッププロチームの試合を秩父宮ラグビー場で6試合も見られます。あと2年継続してワールドカップにつなげることができれば、世界レベルのプレーに触れて目が肥えたファンが増え、ワールドカップ後にもつながるでしょう。現在トップリーグは5000人から8000人程度しか観客が集まりません。地域に根付いてファンづくりをするという目標はあるけれど、どうしても企業色が濃くなってしまう。一方、サンウルブズは唯一のプロチームですから、ラグビーが好きな人が集中しやすい土壌があります。つまり、そこには確実にマーケットが存在しているのです。

青山ラグビーパーク化構想について

もう一つ、キーになるのが秩父宮ラグビー場です。東京の真ん中、青山にあるこの立地抜群のラグビー場を、プロ野球で実現したボールパークのようにしたいのです。今回、私が理想だと思うラグビーパークのCGを作りました（次頁）。ベイスターズの社長時代に横浜スタジア

チームカラーの赤を全面的に展開し、ファンが集まれる場所に

ムを買収したときも同様の理想図を作製していいます。横浜スタジアムを魅力的にするためにはどうすればいいのかを考えた手法を用いて、ラグビーパークを考えました。

率直にいえば現在、秩父宮ラグビー場は「ただ試合を観てすぐ帰る場所」です。中に入るハードルが少し高い。秩父宮の入口には鉄製の門があって、なんだか閉鎖的な雰囲気を感じませんか？　これからはラグビーに詳しくない人も楽しめなければ、興行として成り立ちません。

また、スタジアムの外のスペースも重要です。横浜スタジアムは椅子と机が置いてあります。試合の勝ち負けに関係なく球場周辺に溜まってビールを飲めますし、試合後は関内周辺の飲み屋に移ることができる。ところが秩父宮はナイター設備が弱いため、試合開始は14時頃が多く、16時に試合が終わっても近辺のお店は17時、18時からの営業ですから、試合後の数時間を潰せる場所がないんです。人々が滞留する条件が揃っていない。そこで試合後すぐにお酒を飲める場所として、入口付近にパブを置くことにします。

さらに客席の上部中央にビジョンを置く。オリジナルビールを作って販売する。試合中は、赤いグッズをまとったファンでスタンドを真っ赤に染める。子ども向けのエンターテインメントとして、サンウルブズのマスコットであるオオカミの大きなバルーンや、子どもが自由に遊び回れるスペースを作る。そんなアイデアも考えています。

どんなお客さんを「ターゲット」にするか

続けてターゲットについて。客層を想定することはベイスターズでも行っていました。チケット、グッズ、イベント、それぞれ担当者が持ち場でがんばってはくれますが、ターゲットが定まっていないとそれぞれ勝手に動いてしまい、結果的にバラバラになってしまいます。

ベイスターズがターゲットにしたのは「アクティブ・サラリーマン層」でした。働き盛りの30〜40代の男性で、仕事後飲みに出かけ、休日もアウトドアやスポーツを楽しむ人々。彼らは平日には会社の同僚、休日には奥さんや子どもを球場に連れてくる。狙いを明確に定めることで、ライトなファンまで増やすことができました。

今回、サンウルブズでも社内で議論を重ね、2つの仮想客層を考えてみました。

1つは「エグゼクティブ・ラガーマン層」。40代後半から50代後半で、釜石7連覇やドラマ『スクール・ウォーズ』、国立競技場が満員になったころの早明戦を知り、自身も高校や大学までラグビーを経験している。年収700万円以上の管理職や経営者、開業医などをイメージしています。いまでも趣味でラグビーをやったりプロ野球を観たり、ラグビースクールで指導していたりする。J SPORTSなど有料チャンネルでラグビーを観ていて、サンウルブズも当然知っていて、2019年に向かって日本代表が強くなるのを楽しみにしている……。そういう人はお金を持っているので、グレードの高い席で観戦します。秩父宮でいえば入ってすぐの、屋根があるメイン側。2018年シーズンから「ラグジュアリーゾーン」という名前にしました。シーズンシートなども早めに買ってくれるし、グッズも買ってくれる。以上のような項目のどれかに引っかかるようなターゲットが、「エグゼクティブ・ラガーマン層」です。

もう一つが、よりボリュームがあると思われる「ラグビー・サラリーマン層」。30代後半から40代後半で年収は500万円ぐらい。高校や大学でラグビーを経験し、就職後もクラブチームでラグビーをしている。交友関係もラグビー関係者が多く、東京で働き、プロスポーツ全般に興味がある。情報もSNSなどでチェックしている。観戦エリアは「ラグジュアリーゾーン」の向かいの「ファンゾーン」や伊藤忠商事側の「プロフェッショナルゾーン」。大勢での観戦スタイルが好きで、一緒にお酒を飲みながら楽しむ。チケットは直前に買う……。

ラグビーの会場って、なぜかお酒の持ち込みがOKなんです。「ラグビー文化なので変えないで」とよく言われるのですが……実は会場での生ビールの売上げは相当大きい。ベイスターズも最初はそうでしたが、持ち込まなくても美味しいビールをこちらで提供できるように「ベイスターズ・エール」「ベイスターズ・ラガー」を開発しました。ラグビーでも同様に、オリジナルビールを開発したりして、アルコールの会場販売文化を根付かせたいと思っています。

以上が、サンウルブズが想定している2種類の大きなお客さまです。彼らにアプローチするためにはどうすればいいか、私と社員で一生懸命考えているところです。

ただし、ベイスターズと違うのは原資がないということ。今、私や渡瀬さんで必死に営業してお金を集めています。ベイスターズにおいてもボールパークは数年かけて形にしたので、秩父宮のラグビーパーク化にはより時間がかかるでしょう。今は10億円の売上げに対して1億円の赤字。独自で実力のある選手を集めるとなると、倍くらいの資金規模が必要かもしれません。でも、実現できれば優勝を狙えるチームになる。話題も広まり、チームも注目され、スポンサーが増える……と、いい循環に入っていく。絶対に2019年がターニングポイントです。放っておいたらワールドカップ後、ラグビーの存在感が一気に薄まってしまいます。ラグビー人気が続いていくかどうかは、唯一のプロであるサンウルブズにかかっています。

クロストーク

サンウルブズは、日本のプロスポーツの新しいモデルケースになりうる

受講生　ターゲットとライト層の関係なのですが、ターゲット層を取り込めばライト層もついてくるのでしょうか。それともライト層へは別のアプローチをするのでしょうか。

池田　想定した2つの客層は、いずれも今、ラグビー場に来ていません。まずはリピーターになりうる熱心なターゲット層を連れ戻したい。彼らが戻ることで得た収益でスタジアムを面白くして、ライト層までアプローチする、という順番です。ベイスターズもいきなりライト層を引き入れたわけではなく、1998年の日本一を経験し、松坂大輔がエースだった横浜高校の甲子園優勝を目撃しているような、横浜が野球で盛り上がった時代を知る「アクティブ・サラリーマン層」を連れ戻すことから始まっています。それが成功して「ヨコハマ盛り上がってる感」が生まれ、さらにイベントなどエンターテインメントに投資したことでライト層も増えた、という順番でした。だから、いきなりライト層を狙うのは難しいと思っています。

松井　ベイスターズ時代の実績を考えると、数多くのプロスポーツ団体から仕事のお誘い

があったのではないかと思うのですが、中でもサンウルブズを選んだ最大の理由は何ですか？

池田　ひとつはっきりしておきたいのは、私は１００％サンウルブズに参画できるわけではない、ということです。渡瀬さんがすべてを取り仕切る中で、ＣＢＯという肩書きの下、今回の「青山ラグビーパーク化構想」やグッズの製作など、ファンへのアプローチを担当します。なぜサンウルブズの仕事を選んだかといえば、私はサンウルブズが、日本のスポーツが発展し、プロフェッショナルになっていく上で大きなモデルケースになりうると感じたからです。

少なくともラグビーの発展において、２０１５年のラグビーブームが消沈してしまったことを２０１９年のワールドカップ以降に繰り返さないためにも、サンウルブズの役割は大きい。またプロチームであることも重要な要素です。バスケはプロになり大きなチャレンジをはじめました。Ｊリーグはプロとしての形が整いつつある。野球もプロとして完成された部分が大きい。しかし、ラグビーにおけるプロはサンウルブズ発足まで存在していませんでした。トップリーグや大学ラグビーだけでは、全てのラグビーファンの「ラグビーそのものを応援したい」という思いが不完全燃焼になってしまいます。その思いを受け止め、一つにまとめうるチームとして、プロであるサンウルブズはマーケットとして大きなポテンシャルを持っているのです。

松井　渡瀬さん、どうして池田さんを招聘しようと思われたのですか？

渡瀬　池田さんは17年から日本ラグビー協会の特任理事になられていたので、会議の場などで顔を合わせていました。池田さんの一番いいところは、ラグビーの過去じゃなくて将来を考えていること。私は以前銀行に勤めていて、スポーツビジネスの経験は一度もありませんでした。それでサンウルブズCEOを1年間経験して、自分だけでは正直きつい、スピード感で追いつけないと感じていました。少なくとも2019年までに何らかの成果をあげないといけない。そこで頼りになるのは池田さんしかいないと考えました。

松井　国内では6試合。プロスポーツのチームを経営する上では少なくないですか？

池田　6試合でいいじゃないですか。アメリカのNFL（ナショナル・フットボール・リーグ）もそうです。試合数が少なければ、それだけ価値が上がるはずなんです。NFLは日本のプロ野球に比べて圧倒的にチケットが高い。これは試合数が少ないゆえの価値を活かしている好例です。現在の認知度を考えても、6試合はちょうどいいマーケット規模ではないでしょうか。

プロ野球のチケットの平均単価は都内で3000円弱。でも、ラグビーのチケット単価はその倍になります。招待券も配りませんから平均単価はかなり高い。私としては、チケットにもっと付加価値をつけたい。3万、4万の席があっていいと思うんです。サンウルブズには「ファウンダーズクラブ」というファンクラブがあって、最上級の登録者からは100万円ほど寄付をいただいています。欧州サッカーのバルセロナがソシオという個人会員によって支えられているように、自分たちのクラブと感じられる、持ち株制度のようなものを作ってもいい。

松井　サンウルブズは参戦1年目が1勝、2年目が2勝。2015年の南アフリカ戦後の熱狂を考えると、やはり勝利が必要です。チームの強化についてはどう考えていますか？

渡瀬　スーパーラグビー特有の「移動対策」をしっかりやります。東京から南アフリカへ、そしてニュージーランドへ——我々には短期間で長距離移動を強いられる過酷な移動日程があり、選手への負荷が問題となっていました。そこでそのような移動を20年続けてきた他のチームからコンディション作りを勉強しています。また、2018年からはハイランダーズを率いてスーパーラグビー優勝も経験している日本代表のジェイミー・ジョセフ・ヘッドコーチを中心として、代表と連動してチームを強化します。これまでとの大きな違いですね。

松井　5カ年で優勝を目指すとお聞きしました。2月からの新シーズンの目標は？

渡瀬　15チーム中トップ5を目指しています。全16試合での勝ち越しが目標です。

松井　スーパーラグビーの選手は、どれくらいの報酬を貰えているのですか？

渡瀬　多くの国ではサラリーキャップが定められていて、ニュージーランドで2000万円を切るくらい。オーストラリアも同じくらい。南アフリカにはそのような決まりはありません。

池田　MLBは年俸数十億円が沢山います。NPBのトップで5億円程度。バスケットボールもNBAでは数十億の年俸が発生しますが、Bリーグでは数千万円がいいほうです。しかし、ラグビーには外国と日本で差がさほどない。ホームゲームは6試合しかありませんが、選手の年俸を払えるようにするために100億円稼ぐ必要はない。つまり、世界的なスタープレーヤーを呼びやすい。10億ほどあれば十分戦える選手をそろえられる、と私は見ています。

渡瀬　私はスーパーラグビーだけで選手が生活できるような仕組みを、2019年以後のために作りたい。今はトップリーグとの掛け持ちの選手がほとんどで、両方フルで戦うとなると、シーズンがあまりにも長く、肉体的にも厳しい。子どもが将来ラグビー選手になりたい、という夢を持てるためにも、そのような仕組みを整えたいと思っています。

受講生のプレゼンテーション～サンウルブズ活性化プラン～

プランA 「ラグビー祭」の開催

受講生A　ラグビーは、まず会場に来てもらうのが大変で、女性の理解を得にくく、ルールがよくわからない人も多いのではないかと思います。この問題を解決するための「祭り」を開催しようと考えました。内容としては、まずラグビーの紹介コーナーを設ける。ゴールキック、スクラム、パスを体験できる。ステージでは選手のトークショーを行う。ニュージーランド代表などが試合前に大声をあげて行う戦いの踊り「ハカ」はよく知られていて、体験したい人もいると思うので、ハカのコンテストを開く。食事面では、ニュージーランド、アルゼンチン、南アフリカといった対戦国の飲食物を提供する。カップル向けには、ラグビーの要素を取り入れたゲームを。「愛を込めてラグビーボールを射出してください」と言って、マシンから射出したボールを彼氏がキャッチできたら記念品をもらえるとか。

渡瀬　オーストラリアでは似たようなことをやっています。試合のハーフタイムなどに巨大なバズーカでボールをバンと放つ。スタンドのファンへ向けたサービスです。

受講生A　テレビ番組『ねるとん紅鯨団』を模した「愛のトライゲーム」も考えました。初対面の男女を集め、フリータイムを設け、告白タイムでは、男性が1人ずつ気に入った女性のところに走っていく。でも、競合者がいれば「ちょっと待った！」と叫んでタックル。それをかいくぐってトライすれば、告白成功です。このトライゲームについては実際のラグビー選手によるエキシビションマッチがあってもいい。本物の凄さがわかると思います。

池田　これは試合の日にやるわけではないんですよね？

受講生A　試合に初心者を誘うと、「よくわからないからいい」と断られてしまう。「楽しそうなイベントやってるけど、どう？」くらいの軽さのほうが誘いやすいと考えました。

池田　実は……ご提案のほとんどはすでにサンウルブズ内で話が出ています。私がベイスターズの社長に就任したころは、球場を盛り上げる意見を募ってもいい案が集まらなかったけれど、6年経ってエンターテインメントの知識が広がっています。スポーツ・エンターテインメントは、みなさんの期待を超えるものを作らないとニュースになりません。お金をかけて施策を行うのですから、ニュースになるという観点での提案がほしいですね。

プランB　インバウンド対策

受講生B　私はメーカーで15年ほど海外営業をしていました。そこで、海外のお客さんをいかに巻き込むか、という視点で案を作りました。

まず「外国人専用プレミアムチケット」の販売。5万円で食事やグッズなど付加価値を付けた席を作る。私自身も、海外出張の際にラグビー、野球、バスケットボールなど、一生に1回のチャンスだと思ってかなりお金を使いました。同様の考えを持つ人は絶対にいると思います。

次に、スポーツツーリズムの強化。スポーツイベントの参加者と開催地周辺の観光を融合させる考え方です。競技場の入口にインフォメーション・ブースを作り、競技場のみならず青山周辺の飲食店や観光案内をする。英語案内をはじめとした外国人向けサービスを強化する。敷地内に図書館を設置し、ラグビー文化や日本文化を学ぶ場を作る。

もう一つ、外国人向けではないのですが、ラグビーファンには高齢の裕福層が多いので、ラグビー文化発展のために、寄付を募るのはいかがでしょう。1口1万円などにして。

池田　ははは。それはいいですね。

受講生B　あとは、選手に是非名刺を持っていただきたいのです。先日あるイベントで選手にお会いする機会がありました。選手に名刺交換をお願いしたら、持っていなかった。最大の広告塔である選手が名刺を持っていないのはもったいないですよ。

池田　インバウンド、いい視点ですね。「青山ラグビーパーク化構想」には、ラグビー好きな世界の人達の社交場というイメージも含まれています。マーケット規模をきちんと調べたいですね。現状では、どれくらい投資すればいいかわからない。また、高齢の富裕層向けの策もいい。ただし、対価がないと寄付はしてくれない。海外でいえば、アメリカのローズボウル（カレッジフットボールのスタジアム）は地域からお金を集めていて、寄付してくれた人にはレンガに名前を刻んでプレゼントします。おじいちゃんが貰ったレンガが代々残るようなかたちで、世代を超えた文化になっていく。そういった仕掛けがあるといいのですが。

渡瀬　選手が名刺を持つというアイデアもいいのではないでしょうか。

プランC　知名度アップのための、ゆるめのアプローチ

受講生C　コンテンツ制作会社で化粧品やメーカーなどのホームページを作っています。女性をターゲットにしたクライアントが多いのですが、ラグビーは知名度が低く、ファンの年

齢層が高く、ルールがわからない。これらを踏まえ、提案したいコンセプトを考えました。

まず1つ目は「高校デビュー」です。中学生のころは目立たない存在だった人が、高校に入ってイメチェンしますよね。お笑いのBIG3はタモリ、明石家さんま、ビートたけし。スポーツでいえば、野球、サッカーともう一つはバスケットボール、でしょうか。であれば、そのバスケのポジションを狙いたい。だから、思い切ってイメージを変えませんか?と。おじさまのスポーツというイメージを変えるため、ちょっとスマートでちょっとゆるい、時代にあった広告コミュニケーションを提案します。JRA（日本中央競馬会）、プロレス、広島カープは女性ファンが伸びることで賑やかになりました。JRAの場合も『おそ松さん』を使ったポスターなど、ゆるいコミュニケーションを積極的に行っていて、競馬場には女性専用のブースも設置しています。

そこで、グッズの提案です。今のものはちょっと野暮ったいですね。買いやすく、使いやすいデザインにしたい。バッグやマフラー、スマートフォンケースをラガーシャツのような柄で揃える。今のカモフラ柄は、ちょっと印象が強すぎて持ちづらいです。

池田　ちなみに僕は作ってないですよ（笑）。

受講生C　次はCM。今のものは眼力が強いですね。オオカミ、雄叫び、太陽、月、力強さ、戦う男。ラグビーのイメージ通りでこれはこれでいい。ただし、ファン層の拡大にはつな

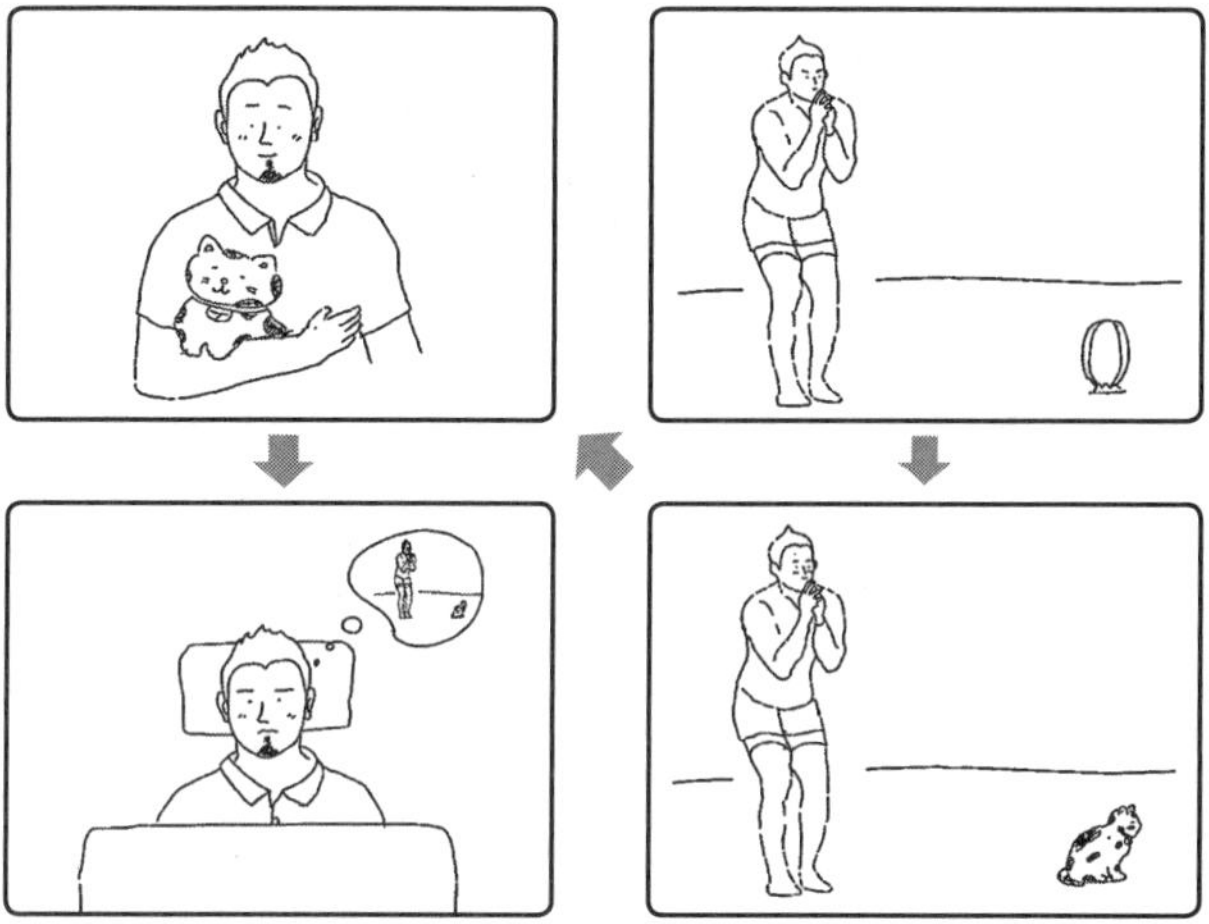

受講生Cのプレゼン資料より。関連グッズ制作も検討中だ

がらないのではないか。そこで女性が親しみやすいCMを考えてみました。

「もしも、ラグビーボールが猫だったら」――（上図）

ルールをある日変えて、ラグビーボールの代わりに猫を使うことにします。すると、右手で持っていたラグビーボールが猫になります。パスで猫が飛んでくる。もちろん、引っかき傷ができます。ペナルティキックも、あら！　猫だと顔が優しくなりますね。そして、蹴らない。蹴らずに、連れて帰りますよ。最後に、夢だと気づいたラガーマンが安心して目を覚ます。サンウルブズのロゴが、うっすらと猫に変わる……。このようにして、女性へのアプローチを変えればファンも増えるのではないかと思いました。

池田　おもしろいですね。確かにターゲットの順番を考えることは大切です。ベイスターズ時代に、広島の松田元オーナーと話した時「池田、女性ファンが増えてるけど、狙ってやったんか？」と言われたんです。でも違うんです。女性ファンは、３～５年後に来てくれるんですよ。トイレをきれいにして女性向けのグッズを作るとか、常に女性にも来てもらえるように意識はしているけど、狙うターゲットは違います。「女性は、興味を持ってくれた時に受け皿を準備しておくだけです」と返したら、「カープも同じじゃ」と。ですからまずは、存在するマーケットを確実に取ること。ベイスターズも最初は30代男性の「アクティブ・サラリーマン層」を狙いました。その土台ができてから、ゆるい広告やゆるいグッズを作る余裕が生まれた。

ただ、「猫」はいいですね。すぐやってもいい。ちょうどいま、ラグビー場で流す映像を公募しているので、これ試合前に流したらおもしろいですよね。すごくいいです。

（２０１７年12月21日）

＊受講生Ｃの「猫ラグビー」は、２０１８年のサンウルブズのＰＲ対策のひとつとして、グッズ化も含めて検討段階に入っている。

池田　純（いけだ じゅん）

1976年神奈川県生まれ。早稲田大学卒業後、住友商事、博報堂を経て2007年DeNA入社。11年12月横浜DeNAベイスターズ代表取締役社長に就任。16年10月に社長を退任、現在はJリーグアドバイザー、さいたま市スポーツアドバイザー、スポーツ庁参与、明治大学学長特任補佐兼スポーツアドミニストレーター、ジャパンエスアールCBOなどを務める。

＊本書は池田氏、Number編集部、（株）サニーサイドアップの共同事業「ナンバー・スポーツビジネス・カレッジ」第1期の講義を抜粋、再構成した。なお、本学は2018年4月より、第2期がスタートしている。（ウェブサイト　http://number.bunshun.jp/list/nsbc）

文春新書

1164

最強《さいきょう》のスポーツビジネス
Number Sports Business College 講義録《こうぎろく》

2018年（平成30年）4月20日　第1刷発行

編　者　池　田　純
　　　　スポーツグラフィック・ナンバー
発行者　鈴　木　洋　嗣
発行所　株式会社　文　藝　春　秋

〒102-8008　東京都千代田区紀尾井町3-23
電話（03）3265-1211（代表）

印刷所　理　想　社
付物印刷　大　日　本　印　刷
製本所　大　口　製　本

定価はカバーに表示してあります。
万一、落丁・乱丁の場合は小社製作部宛お送り下さい。
送料小社負担でお取替え致します。

ISBN978-4-16-661164-5

文春新書のロングセラー

中野信子
サイコパス
クールに犯罪を遂行し、しかも罪悪感はゼロ。そんな「あの人」の脳には隠された秘密があった。最新の脳科学が解き明かす禁断の事実
1094

岩波　明
発達障害
『逃げ恥』の津崎、『風立ちぬ』の堀越、そしてあの人はなぜ「他人の気持ちがわからない」のか？　第一人者が症例と対策を講義する
1123

エドワード・ルトワック　奥山真司訳
戦争にチャンスを与えよ
「戦争は平和をもたらすためにある」「国連介入が戦争を長引かせる」といったリアルな戦略論で「トランプ」以後を読み解く
1120

近藤　誠
健康診断は受けてはいけない
職場で強制される健診。だが統計的に効果はなく、欧米には存在しない。むしろ過剰な医療介入を生み、寿命を縮めることを明かす
1117

佐藤愛子
それでもこの世は悪くなかった
ロクでもない人生でも、私は幸福だった。「自分でもワケのわからない」佐藤愛子ができき、幸福とは何かを悟るまで。初の語りおろし
1116

文藝春秋刊